NLP总裁智慧系统
觉醒力

苏学锋 ◎ 著

中国商业出版社

图书在版编目（CIP）数据

NLP总裁智慧系统觉醒力 / 苏学锋著. ——北京：中国商业出版社，2017.12

ISBN 978-7-5208-0151-5

Ⅰ.①N… Ⅱ.①苏… Ⅲ.①成功心理–通俗读物 Ⅳ.①B848.4-49

中国版本图书馆CIP数据核字（2017）第323040号

责任编辑　　孔祥莉

中国商业出版社出版发行

（100053 北京广安门内报国寺1号）

010-63180647　　www.c-cbook.com

新华书店经销

大厂回族自治县德诚印务有限公司印刷

*

710×1000 毫米　　1/16 开本　　18 印张　　180 千字

2018 年 1 月第 1 版　　2018 年 1 月第 1 次印刷

定价：48.00 元

*　*　*　*　*　*

（如有印装质量问题可更换）

导 言

苏学锋导师，一个风度翩翩、器宇不凡的企业家，他是九州创联商学院院长、九州创联董事长、国际NLP导师、国家心理咨询师、国家企业培训师、汉王科技发展顾问、华谊兄弟星剧场发展顾问、全联房地产商会市场分会副会长、《赢家大讲堂》特聘专家讲师、NLP卓越商业领袖导师、NLP总裁智慧系统课程创始人。

从当初青涩稚嫩到如今的稳重成熟，从当初的一无所有到如今的资产过亿，他通过非凡的智慧和勤劳的双手，实现了跨越式的蜕变与发展，成为了众人尊敬的智慧导师，成为了众人崇拜的企业家。

20年奋斗，他跨越千山万水，历经商海沉浮。如今，他从鄂尔多斯到北京至全国拥有多家公司，旗下的产业涉及教育培训、文化影视、互联网金融、大旅游、大健康、大科技等多个产业领域。

回首往昔，那些艰苦奋斗的片段还历历在目，正是因为有它们的存在，才拼凑成如今宏伟的事业蓝图。1997年，大学毕业的他带着对梦想的向往，踏上了商海之路，国家的政策以及时代的契机，引领他步入IT行业。11年的打拼，他从业务员做到股东，手中的资金不到百万，本该享受成功的喜悦，但他却陷入了迷茫。恍然间，他发现自己在经营企业过程中一直无法摆脱"茫、盲、忙"的困境，为了突破眼前的窘境，他几经思虑放弃眼前拥有的一切，踏上了求知之路。

2008年，为了寻找企业发展之路，他开始接触教育培训行业，在不间断的学习中，他和众多领域的企业家相互学习、共同成长。在学习上，他先后投资的费用超过400多万，与国内外几十位知名大师学习交流。10年的智慧生发，使他的公司业绩爆炸式增长近几十倍，仅用了两年就赚回过去20年的钱。

现今，他潜心立足于教育培训领域，并将20年的企业经营管理实战经验与10年潜心学习研究NLP神经语言程序学相结合，形成了自己独特的课程体系，并且应用到自己企业经营管理当中，让自己实现身心解放，企业业绩暴涨，员工自动自发。

除此之外，他还在训练过程中使企业家在快乐的学习氛围中领悟新的思考模式，掌握全新的理念及技巧，让企业家得到智慧的生发、大脑的升级和自身的改变，从而促进企业更快速、更稳健的发展。在企业得到发展的同时，也能够促进家庭氛围的和谐，真正实现幸福快乐、财务自由的人生。

正所谓：春蚕到死丝方尽，蜡炬成灰泪始干。教育，是一份高尚的事业，是民族振兴和社会进步的基石，更是一个国家的立国之本。正因如此，他知道自己肩上的担子，左边承载着责任，右边承载着使命。未来，他还要不断地充实自己、教诲他人，让更多的人领悟NLP神经语言程序学的智慧，在不断地改进中，塑造更好的自己，迎接更美好的人生！

序言

在这个世界上,凡是在商界艰苦奋斗的企业家们,都渴望登上成功的巅峰。但是在通往成功的道路上,总有一些企业家禁不住风吹雨打,从而无奈掉队。想要改变这种结果,就要从改变自己开始。因为所有的失败,都是在回应讯息。因为现在的你还不具备足够的能力,因而实现不了想要的结果!

在NLP智慧领域中,一直强调的是:凡事都要以结果为导向!我们在生活、事业中所作出的任何行为,都必然是为结果服务。当企业家把目光真正落实在目标、结果上的时候,他所作出的选择,一定是能够实现结果的选择。而很多企业家却因为思想境界不够,导致自己信念系统中没有明确的目标与方向,员工也因此成为一盘散沙,最后企业溃不成军,与成功无缘。

在NLP总裁智慧系统中,曾提到:思想+行动=结果。任何成功的结果,都是由思想的改变而开始的。思想不变,行为就不变,结果自然也就不变,反之,如果思想改变,行为也会产生改变，结果自然而然就会改变。这本书就是告诉全国各地的中小企业家们，如何利用NLP的智慧来重塑自己的信念，丰盛自己的思想蓝图，然后再用与以往不同的行为，来为自己创造真正想要的结果。

此外，全国各地的企业家们更应该意识到：一个人真正的成功，绝不仅仅在于事业，还要延伸到个人生活、社会交际以及家庭生活等各个领域。只有当自己的事业、生活、交际、家庭等都上升到一定高度的时候，才能真正享受到幸福人生，也才能真正体味到"成功"两个字的内涵！

针对社会各界企业家人士，本书共分八章，通过认识自我、重塑信念、开拓思维、管理员工、沟通交际、创造结果、改善家庭、丰盛内心等板块，来帮助他们真正认识人性、利用人性，从而实现从内到外的华丽蜕变，创造更加美好的事业及生活。

希望每一位阅读本书的朋友，能够在书中找到与自己事业、生活相契合的NLP智慧，并能够在领悟它们之后，在事业、生活中得到实践和应用！

自序

《NLP总裁智慧系统觉醒力》即将问世，我的内心涌动着无限的感激与感慨！踏入NLP管理咨询领域已有10年时间，通过自身20年的企业管理实战经验以及10年来对NLP神经语言程序学的潜心学习研究，我精心打造出了一套针对中国中小企业家NLP智慧课程——"NLP总裁智慧系统课程"。

这套课程立足于NLP智慧，延伸到企业经营、员工管理、团队运营、产品设计、销售策略、说服技巧、演讲技能、夫妻关系、亲子教育等多个领域，比较适合中国中小企业家学习和进修。为了让更多的中小企业家学习到NLP中的智慧，帮助他们更好地去经营企业、管理团队、打理家庭以及教育子女，我首先策划并撰写了这本《NLP总裁智慧系统觉醒力》。

"NLP总裁智慧系统课程"的宗旨，就是让一个人在内外兼修的过程中，逐渐变成一个能为自己创造价值，为家庭、企业、社会创造价值的人！如今社会中，有很多中小企业家因为时代的原因，并没有受过很好的文化教育，但时代的不断更迭和发展要求他们必须拥有卓越商业领袖的知识底蕴、领导气魄和思想格局！

现今，我站在舞台上，通过一次次的NLP总裁智慧系统课程研讨会，不断地给中国中小企业家们传授、输送NLP中的智慧与思想，就是为了能够帮助他们破解人生路上的困惑，突破企业经营过程中所遇到的瓶颈以及处理好家庭内发生的矛盾和纠纷。

格局决定布局，布局决定结局。一位真正的企业家所追求的必然是全方位平衡式的成功人生！财富、事业、爱情、生活、学习、自由、荣誉以及健康，只有达到共同促进和发展，才能让生命真正绽放出璀璨的光芒。

中国中小企业家是国家经济发展建设过程中不可忽视的一个群体。为了更好地帮助企业家成长，与此同时助力中国梦早日达成，我将秉承"普慧九州、创联天下"的精神，充分践行自己的使命：通过传播NLP智慧系统来帮助更多的中小企业家以及青年创业者改变命运。希望每一位读者能够细细阅读本书，相信书中的NLP智慧，一定能帮助你们找到人生的新方向，真正改写人生的命运！

苏学锋

2017年7月7日于北京朝阳

目录

第一章 有钱 ≠ 有价值：洞察自我，做一个有价值的人

现实生活中，含着金汤匙出生的人的确不少，但这并不代表这样的人一辈子都会拥有金汤匙。时空角在变化，想让自己真的有钱，首先就得让自己变得真正有价值！有价值的人，才能在这个社会中，找到属于自己的人生价值！用自己的价值创造非同凡响的人生。

1. 世界上没有两个完全一样的人　/ 3
2. 真正有价值的不是钱，而是你自己　/ 6
3. 别受外界干扰，你本来就很好　/ 9
4. 此生你所成为的，便是你此刻相信的　/ 12
5. 走自己的路，让别人说去吧　/ 15
6. "完美"是妄念，"趋向完美"才真实　/ 18
7. 突破自我：你恐惧什么，就去做什么　/ 21
8. 没有"垃圾"，找对框架你也是宝　/ 24
9. 入框为"囚"，破框才为"人"　/ 28
10. 丰盛思想蓝图，激发内在潜能　/ 31

第二章　重塑信念系统：将"不可能"变成"可能"

> 人的一生所有的创造力都在于"信念"二字。信念是行动的源头，没有信念或者信念不坚定，都会影响一个人前进的方向或速度。想让自己的人生更有意义，就必须从树立信念开始，这样一切才皆有可能！

1. 梦想还是要有的，万一实现了呢　/ 37
2. 冲破"三无"状态，找到自我价值　/ 40
3. 走出舒适区，困难是蜕变的开始　/ 43
4. 信念有障碍，无非盲、忙、茫　/ 46
5. 打破限制性信念，没有什么不可能　/ 49
6. 找准定位，适合自己的才是最好的　/ 52
7. 杜绝借口，强化自己的行动力　/ 55
8. 学会心理暗示：告诉自己"我能行"　/ 58
9. 挫败，是回应讯息反转命运的开始　/ 61
10. 五步破框法，助你破框而出　/ 65

第三章　突破思维框架：你的智慧决定你的财富

> 正所谓入框为"囚"，破框为"人"！你是想做思想的囚犯还是想做顶天立地的人？世界上任何一件事，都有能够解决它的办法，你说"不可能"，只是因为你暂时还没有找到合适的方法罢了。记住：你的思维框架有多大，就代表你未来的财富有多大！

1. 只有标新立异，才可独领风骚　/ 71
2. 打破常规，做别人不敢做的　/ 74
3. 思想"换框"，切换角度去审视问题　/ 77
4. 把眼界放宽些，拒绝好高骛远　/ 80
5. "无"中生"有"，才能出奇制胜　/ 83

6. 草船借箭，要的就是一股东风 / 86

7. 没有做不到的事，只有想不到的人 / 89

8. 打乱时间线，"无本生意"也能风生水起 / 92

9. 抓准需求，才能攻破消费者心理防线 / 96

10. 脑袋转一转：化危机为转机 / 99

第四章 锁住三套软件：解放身心，让员工自动自发

人的潜意识有三套软件，它们分别是：信念、价值观以及能力。这三套软件支配并操控着我们的一生。正因如此，老板只要把握住员工的三套软件，便可以让他们自动自发地为自己服务，为企业的发展贡献自己的力量。

1. "赞美"员工不用花钱，有机会就要多说 / 105

2. 给个"头衔"：责任加身，必不辱使命 / 109

3. 不要吝啬奖励：红包之下，必有勇夫 / 112

4. 权力要下放，老板才能解放 / 115

5. 不逼员工一把，他都不知道自己多优秀 / 118

6. 别把"明星员工"宠上天，树立全局发展概念 / 121

7. 必知的面子学问：人前留一线，日后好相见 / 124

8. 员工"杀毒"：杀一儆百，以儆效尤 / 127

9. 给员工真正想要的，别给自己想给的 / 130

10. 习惯性打压员工，只能证明你无能 / 133

第五章　成为交际高手：有效沟通是必备法门

> 活在世上，我们就必须要与人沟通！良好的沟通可以让我们获得更好的人际关系以及达成更多的理想目标！不懂得沟通的人，只会让自己的生活变得越来越闭塞。不仅如此，很多的机会也会和自己擦肩而过！因此，若想成功，就必须培养自己的沟通能力，让自己成为交际高手！

1. 学会打交道，让陌生人也成为自己的资源　/ 139
2. 利用良好的沟通，赢得机遇的脉动　/ 142
3. 让沟通为自己积聚人气，达成合作　/ 145
4. 只有沟通顺畅，才好求人办事　/ 148
5. 沟通的意义，在于对方的回应　/ 151
6. 感知位置法：让你读懂你、我、他　/ 154
7. 在沟通中，身份决定信赖感　/ 157
8. 善于倾听别人，别人就更喜欢你　/ 160
9. 有错辩解惹人烦，不妨幽默一把　/ 163
10. 平日别忘常联系，有联系才能聚人气　/ 166

第六章　以结果为导向：行动落实目标，目标落实结果

> 人类一切的思想以及一切的行动，不仅是为了享受追逐成功的过程，更是为了追求最终的一个结果。凡事以结果为导向，才能闯出大事业！因此，无论我们想要做什么，都要先确定自己到底想要一个什么样的结果，用结果确立思想方向，指挥行动！

1. 明确目标：先画靶子，再打枪　/ 173
2. 任何事都要动起来，别做行动的矮子　/ 176
3. 成功唯一的秘诀，就是不达目的誓不罢休　/ 179
4. 简单的事练到极致，就是绝招　/ 182

5. 做事把握关键点，才能有结果　　/ 185

6. 向有结果的人学习，自己才能有结果　　/ 188

7. 使用有能力人的能力，目标更容易达成　　/ 191

8. 欲速则不达，好的结果需循序渐进　　/ 194

9. 唯"快"不破，比别人更快收获结果　　/ 197

10. 创造并满足需求，便可实现你要的结果　　/ 200

第七章　"国"与"家"本为一体：用心营造幸福港湾

"国家"，有"国"才有"家"！这是一个一体化的概念，是不可分割的两个部分。处在如今的时代中，我们树立崇高的理想信念，以"国家"最高概念来守护自己的疆土，呵护自己的家园！"大国"和"小家"我们都要引起足够的重视，用心营造幸福的港湾，我们置于其中，才能真正品味幸福！

1. 别变黏皮糖，婚姻需要"半糖主义"　　/ 207

2. 婚姻的本质是等价交换，别让天秤失衡　　/ 210

3. 在爱面前，有效果比有道理更重要　　/ 213

4. 孩子不是看你怎么说的，而是看你怎么做的　　/ 216

5. 记住：孩子不需要过分的"批评家"　　/ 219

6. 重复旧的做法，只能得到旧的结果　　/ 222

7. 百善孝为先，用行动感恩父母　　/ 225

8. 陪伴，是对父母最好的爱　　/ 228

9. 报效祖国，用实力为国家做贡献　　/ 231

10. 慈善公益满天下，大爱温暖千万家　　/ 234

第八章　心灵建设版图：打造属于自己的幸福源

> 心灵，是人类感知幸福的源泉。当一个人的心态向往着阳光，那么他的生活一定充满了快乐和幸福；当一个人的心态向往着阴暗，那么他的生活一定充斥着忧愁与烦恼。幸福的感觉，来自于个人内心深处的选择！

1. 抱怨没有用，一切靠自己　/ 241
2. 最美的风景，就在我们身边　/ 244
3. 化繁为简，生命之舟需要轻载　/ 247
4. 把握好现在，就不愧对过去和未来　/ 250
5. 想好了再做，没人为你的情绪买单　/ 253
6. 翻转时空角，别为打翻的牛奶而哭泣　/ 256
7. 压力来源于我们对事情的反应　/ 259
8. 提高生活质量，别为无意义的小事而烦恼　/ 262
9. 快乐是自己的一种感觉，并非别人控制　/ 265
10. 积极的人像太阳，照到哪里哪里亮　/ 268

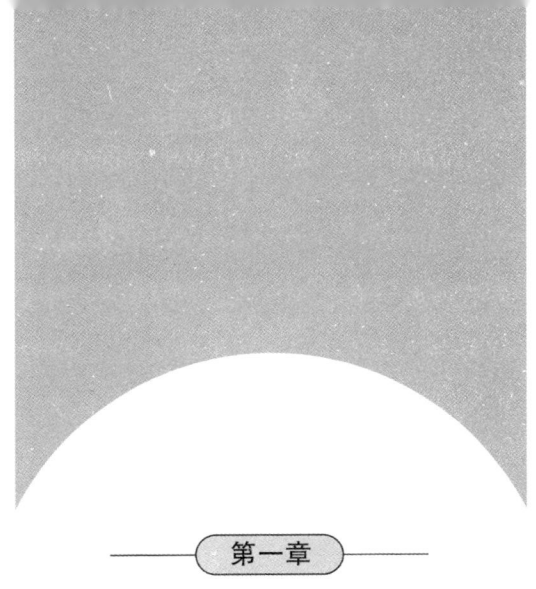

第一章

有钱 ≠ 有价值：
洞察自我，做一个有价值的人

现实生活中，含着金汤匙出生的人的确不少，但这并不代表这样的人一辈子都会拥有金汤匙。时空角在变化，想让自己真的有钱，首先就得让自己变得真正有价值！有价值的人，才能在这个社会中，找到属于自己的人生价值！用自己的价值创造非同凡响的人生。

——NLP卓越商业导师 苏学锋

第一章

有钱 ≠ 有价值：洞察自我，做一个有价值的人

1 世界上没有两个完全一样的人

问题困惑

在生活中，如果身边的家人、同事、朋友，和你做了同样一个决定，选择了同样的东西，你可能觉得他和你的想法、喜好都是完全一致的。但事实真的如此吗？

NLP总裁智慧系统解码

在这个世界上，有很多东西都十分相似，如果说两件东西完全一样，压根不存在。就像我们常见的树叶，即便看着大小相似、颜色相同，但它们的脉络还是不一样的。同理，人也是一样的。NLP总裁智慧系统中，所提出十八条前提假设已经认证了这一点：世上没有两个完全相同的人。因此，我们每个人在这世上都是独一无二的，不会存在与我们一模一样的人。所以，即便两个人做同一个决定、选择同样的东西，但出发点和目的都是不一样的。

关注过遗传学的人都应该知道：每个人来到这个世上，其实都仰赖于父亲和母亲各自的24条染色体组合。由此可见，这48条染色体有多么重要，它决定了每个孩子的遗传基因，别小看每一条染色体，它里面所包含的又不下百个基因，随意改动一个基因，都会对人本身造成一定的影响。人的生命，本来就充满了奇幻和奥秘！

每个人，因为唯一，所以独特。就算是双胞胎也是同样，即便他们长相相同，说话语气相同，但是他们身上一定有什么地方是不一样的！有人觉得很难区分长相一样的双胞胎，其实那是因为没有细观深处、细察细节，当你用心去分辨他们的时候，就会发现，其实他们身上的不同之处有很多，甚至多得数不清。

经典故事

在中国的一个偏僻的农村里，有一对双胞胎姐妹花，从出生开始，她们的长相就一模一样，并且从小到大，她们一起吃饭，一起上学，一起交朋友，所处的环境和接触的人几乎都是一样的。上学期间，很多老师、同学都会把她们弄混，直到大学毕业之后，她们一起去同一家公司面试，却被婉拒，可笑的理由竟然是，面试官无法辨清这对双胞胎姐妹究竟谁是谁，这样不利于员工管理。最后，她们只能分开去找工作。

到了谈婚论嫁的年纪，两位双胞胎姐妹却始终找不到合适的人！其实，这也跟她们太过相似有关。有一次，双胞胎妹妹交了一个男朋友，并带回家里吃饭。饭桌前，双胞胎妹妹的男朋友顾着和自己未来的岳母说话，而这对双胞胎姐妹来来回回地帮忙端菜，菜上齐之后，所有人落座，谁也没想到的是，双胞胎妹妹的男朋友竟然一把拉过姐姐的手说："亲爱的，坐这儿吧！"姐姐尴尬地瞬时抽回了手，

第一章
有钱 ≠ 有价值：洞察自我，做一个有价值的人

可妹妹却把这一幕看在眼里，虽然当场没说什么，可那顿饭过后，却处处数落自己的男朋友——"你连谁是你女朋友都分不清吗？我就这么没特点！"男朋友无奈地说："你们俩一个模子刻出来的，我哪分得清谁是谁！"结果，就因这一句话，两人最终分道扬镳。

在那之后，双胞胎姐妹的恋爱中，多多少少都会存在这样的问题！她们的男朋友总是分不清自己的女友到底是姐姐还是妹妹，直到一位名叫"李成明"的小伙儿出现，他喜欢的是双胞胎妹妹，并对她展开了疯狂的追求。为了考验他的真心，双胞胎姐妹故意调换了"身份"，妹妹在家和妈妈一起准备饭菜，姐姐假扮妹妹应李成明的邀约。没过多久，姐姐和李成明一起回家，还没等妹妹开口，姐姐便对她说："快去陪你男朋友吧！人家一眼就认出我不是你了！"

妹妹有些诧异地看着李成明，问道："我和姐姐这么像，你是怎么辨别出来的？"李成明笑着说："这还不容易吗？你见到别人的时候，习惯微微点下头，和别人说话的时候，最喜欢搓手指，最容易分辨的就是你们的眼神了，你从来不会一直盯着人看，相对你姐姐，你的性格还是稍内向的。我说的对吗？"听了这番话之后，妹妹心里万分激动，并认定这就是她真正要找的人！

导师箴言

世界上根本就没有完全一样的两个人，所处的环境不同、经历不同、感受不同，导致每个人的经历都是不同的，这也就造就了每个人信念、价值观以及规条系统的不同。因此，没有人对同一件事的看法完全一致，也不会出现态度和行为模式完全一样的人！

——NLP卓越商业导师 苏学锋

2
真正有价值的不是钱，而是你自己

🏵 问题困惑

有钱人（富人）遇到机会不好的时候，亏得一塌糊涂，甚至于负债累累，但有没有可能东山再起？没钱人（穷人），给你很多钱，你也很难去把握它！这是为什么呢？

♜ NLP总裁智慧系统解码

很简单，有钱人（富人）和没钱人（穷人），他们最本质的区别并不在于是否有钱，而是在于是否拥有一个值钱的思想和能力。有钱人（富人）之所以有钱，多半是凭借自己高超的能力和广阔的思想打拼出来的，当命运将他打回原形的时候，他还是能够凭借自身高超的能力和广阔的思想最终重回巅峰；而没钱人（穷人），早已经习惯"精打细算"的生活，他们只图安逸，而不愿意冒险，当然，很多挣大钱的机会也就悄悄从身边溜走了。

因此，这就充分证明：真正有价值的不是钱，而是你自己。你

第一章
有钱 ≠ 有价值：洞察自我，做一个有价值的人

是什么样的人，你就值什么样的钱，你就有什么样的人生！所以，想挣大钱的人，一开始不要为了赚钱而去赚钱，反而忽略了自我成长。其实，当你走过一段历程后，就会发现当人内心强大、修养足够时，赚钱只是顺带的事，成功也是优秀的附产物！要懂得通过学习和经历，不断提升自我价值，让自己成为不可代替的人。想要真正有钱，那就一定要记住：**成长比赚钱更重要！成熟比成功更重要！做一个有价值的人比做一个有钱的人更重要！**

经典故事

褚时健，这个名字再一次响彻在国人的耳边时，他已经到了耄耋之年。这个时候，他早已不再是当年那个叱咤风云的"烟王"，而是换了另一种身份——"橙王"。他种出的橙子实乃奇迹，因为任谁都没想到，荒山野岭能种出橙子来，更重要的是，还是十分优质的橙子。回望往昔，他一生的经历，真的可称为传奇！

在年过半百之际，褚时健接手了濒临倒闭的玉溪卷烟厂。面对重重困境，他用自己非凡的胆识和能力，从"知天命"到"古稀"的十几年光阴里，将这家小烟厂打造成为了每年利税数百亿元的红塔山集团。他因此被评为全国"十大改革风云人物"，走到了人生的巅峰，成为名副其实的"烟王"。

可是，谁都未曾想到的是，在他人生的巅峰，却因贪污走下神坛。他的女儿在狱中自杀身亡，自己又身陷囹圄，这对于一个七十多岁的老人来说，可谓是人生最大的打击。在巨大的精神折磨中，法院的审判结果下来了——1999年1月9日，他被判处无期徒刑、剥夺政治权利终身。那时，太多人都感叹道："他这一辈子算是到头了！"可是即便这样，他并没有放弃自己的人生，通过努力，他获得了减刑的

机会,并在2002年,即74岁时保外就医,住在哀牢山。

75岁,对于大多数老年人来说都是养老的年纪。但对于褚时健来说,这却是他再次创业的起点。一向闲不住的他,忽然和曾经的好友提出了种橙子的想法,好友规劝不了他,最后借了1000万元给他。就这样,他承包了哀牢山上两千多亩农场。

说干就干,褚时健凭借自己的专注和用心,以及通过学习掌握的种植橙子的各项方法,他将橙子不仅卖成了云南的冠军,还卖成了国内的冠军,以后,他的"褚橙"还要走向世界!"褚橙"现在还有一个名号,因为它包含了褚时健身上顽强不屈的精神,所以大家都称它为:"励志橙"。

导师箴言

如何做一个值钱的人?第一,信念。想法比较多的人,思维比较广泛的人,格局比较大、看得比较远的人。第二,想真正为自己余生创造价值的人。第三,学会使用有能力的人。拥有了这三点,你就是一个值钱的人!

——NLP卓越商业导师 苏学锋

第一章
有钱≠有价值：洞察自我，做一个有价值的人

3 别受外界干扰，你本来就很好

问题困惑

生活中，为什么你总是很努力对周围的每一个人付出，却还是不能够让对方满意？反而招来更多的责怪？难道这样的做法是错的吗？

NLP总裁智慧系统解码

人有的时候，为什么会觉得自己活得累？就是因为，无论做什么事，我们总是在迎合别人，或者说是在顺从别人的想法和意见。这样没有主见、没有个性，长期以往，就会迷失自我。一个人，不可能做到让周围所有的人都满意！你越是努力去迎合，越是得不到周围人的认可，没有人会喜欢一个失去自我、没有主见的人！

安吉罗·帕屈就曾经说过："世界上，最痛苦的事情就是不能够做自己。"一个人，若想自己的人生变得更精彩，那么首先

就要先了解自己是怎样的一个人，知道什么对于自己是最重要的，不盲目地学习别人，也不会因为别人的一句话，而改变自己的生活。

要知道，在这个世界上，我们每一个人的人生都是独一无二的，没有谁的人生可以复制，也没有必要去复制，你只能做最好的自己。事实上，只要我们能够做到保持自我本色，不人云亦云，不亦步亦趋，就能甩掉很多沉重的包袱，重新找到自信的自己。

经典故事

李芸芸大学毕业之后，在朋友的推荐下，成为一家集团企业的新进员工。作为一个职场新人，她知道自己还欠缺很多，于是她决定奉行不耻下问的原则，处处小心翼翼，生怕自己做错了什么事情，或者得罪了什么人。这种想法让她不管遇到什么事情，都去询问周围的老员工。

最初，那些老员工看这个小丫头谦虚好学，就都爱指导她，可是几个月之后，那些原来喜欢解答她问题的同事，都莫名觉得烦躁不已。一见到她来问自己问题，都开始有意无意地去回避。有的甚至冷冰冰地拒绝了她，这样让她很伤心。

李芸芸想了很久，都想不通，为什么大家开始对她产生反感，不愿意回答她提出的问题？压抑的情绪积累久了，她终于在与母亲通话中嚎啕大哭。母亲着急地问她："怎么了？到底怎么回事？"于是她就把近期发生的事都跟母亲说了，母亲安抚了她几句之后，对她说："孩子，你最初的想法虽好，可是长期依赖别人，就变得没有主见了啊。其实，你不用为了刻意讨好同事，而去请教他们的，久而久之，同事会认为是你本身没有能力去完成你的工作。试想每个人都有自己

第一章
有钱≠有价值：洞察自我，做一个有价值的人

的工作，谁有那么多的时间帮你解答问题，何况，很多决定依靠你自己的判断，你应该尝试着自己独立完成工作，哪怕出现差错，也可以在错误中总结经验教训。"

听完母亲的话之后，李芸芸似乎明白了什么，从那天起，她再也没有刻意伪装自己，去讨好别人，也没有再去劳烦同事帮忙。通过努力，她独立完成了领导交办的很多工作，工作能力在短时间内得到了极大的提高。在年底的表彰大会上，她拿到了"最佳进步奖"，台下的同事都替她感到高兴，说她越来越成熟了！

导师箴言

NLP认为，不能保持自我的人，常常陷入恐惧不安、不知所措的怪圈，他们总想着取悦别人、听从别人，长期如此，无论是身体还是心灵都变得疲惫不堪。这样的人，要尽快将自己从里面解救出来，否则人生将变得毫无意义！一个人，只有保持自己的本色，做独一无二的自己，才能焕发出生命的光彩！

——NLP卓越商业导师 苏学锋

4
此生你所成为的,便是你此刻相信的

问题困惑

有人说:付出终会有收获,努力终会有回报!这一点,本质上讲太过绝对,那么"相信"这件事是不是也是如此?我们去相信,是否代表能做到?

NLP总裁智慧系统解码

在这世上,每个人都是自己命运的主宰者,每个人都应该做自己命运的主宰者!但有一个十分重要的前提是:你必须相信自己能够主宰自己的人生!每个人的人生都有不同的走向,就是因为每个人的信念和价值观并不相同,这就导致他们选择的人生之路是不相同的!

人的身上有三套软件,首先就是信念!如果搞不定自己的信念,那么做什么都没有方向!有句话说得好:人生最大的悲哀就是不相信自己会有美好的未来。一旦在人的思想框架中,开始拒

第一章
有钱 ≠ 有价值：洞察自我，做一个有价值的人

绝相信一切具有发展的、变好的可能性，那么这个人的一生基本上是不会有所成就的。因为，他压根不会付诸行动。

一个人下定决心去做一件事情的时候，通常在心里的认定是：相信。相信去做这件事，能给自己带来希望；相信去做这件事，能给自己带来好处；相信自己去做这件事，能够顺利达成。反之，一切都不会有开始！此生你所成为的，便是你此刻相信的。有相信，就有行动，行动会产生结果。而不去相信，直接的结果就是无希望、无可能。

♟ 经典故事

中国著名乒乓女将邓亚萍，在小的时候，就显现出一种异常沉稳的"铁娃"本色，无论遇到什么样的问题，她从来不哭闹，父母让做什么事情，她都十分认真地完成。再大一点，她那个河南郑州市体委任乒乓球教练的父亲，觉得她是一个可塑之才，于是，就开始对她进行培养，希望她能在体育行业里有所成就。

时间流逝地飞快，5年眨眼之间就过去了，在父亲的精心调教下，邓亚萍的乒乓球技术已达到上等水平。父亲希望她能得到更多的培养，于是就将她送到河南省乒乓球队深造。可是，令人没想到的是，没过多久就被退了回来，那里的教练给出的理由是：个儿矮，手臂短，根本没有什么发展前途。经过这一次的"被退"事件，邓亚萍的心灵受到了很大的打击，但是她太热爱乒乓球了，她相信自己一定能行！于是她很快地调整好自己，开始更加刻苦地投入训练，并发誓一定要拼出一个人样儿来证明给别人看。

1986年，邓亚萍人生道路上迎来了一次难得的机遇。那一年，她才13岁，当时，有一个河南代表队的运动员生了病，不能去参加全

国乒乓锦标赛，于是找她来顶替。其实，那些教练根本没把她放在眼里，所以压根没抱任何希望。可谁都没想到，邓亚萍竟然接连战胜了耿丽娟、陈静等当时很有名气的国手，并且顺利地拿下了此次比赛的冠军！这件事，一下成了当届乒乓球赛的最大冷门，一瞬间，她就成了全国人们关注的一匹"小黑马"。

在比赛过后，这个曾经被判为"无发展前途"的小姑娘，一下子就成为了当时国家乒乓球队副教练、女队主教练张燮林手下的一位女弟子。从此，邓亚萍在中国体坛的圣殿里将其那股在逆境中练就的"铁娃"本性表现得淋漓尽致，其运动水平大大提高，经过各次大赛的历练，最终登上了国际乒坛女霸主的宝座。

导师箴言

一个人最可怕的，绝不是外界带给他的窘境或其它刺激，而是自身的思维框架已经将他自身牢牢困锁！没有勇气相信自己能够创造任何可能的人，这辈子都不可能干成大事，要记住：凡事都从相信它的那一刻开始。此生你所成为的，一定是当下你相信自己能够成为的！

——NLP卓越商业导师 苏学锋

第一章
有钱 ≠ 有价值：洞察自我，做一个有价值的人

5

走自己的路，让别人说去吧

❂ 问题困惑

在集体中，如果和大家选择的方向不一致，是不是代表自己很另类？面对选择时，我们是跟随大多数，还是坚持自己的选择？

♘ NLP总裁智慧系统解码

在生活中，相信每一个人都会或多或少关注着别人对自己的评价，我们常常做出自己并不喜欢的举动，其实就是希望自己能够言行谨慎，而不授人以柄。很多时候，我们会被外界的议论、观点、态度以及评价影响到自己当下的情绪。

如果对方说的是赞美之词，我们就会心花怒放；如果对方说的是轻蔑之语，我们就会怒发冲冠。这是作为一个正常人体现出来的正常生理反应。我们常常提到：鼓舞士气。无论是将军带领士兵上阵杀敌，还是运动员代表国家去比赛，当一阵阵鸣鼓声和一阵阵啦啦队的呐喊声响起时，我们就会不自觉地充满力量。

他人对我们提出的想法和建议，我们总是无法忽略，反而还会将他们所说的话，当成自己行为的镜子，我们早就习惯了在别人的目光中调校着自己的人生坐标。但是，唯有在面临重要选择的时候，我们决不能盲从他人的想法和意见，而必须有自己的思想，坚定自己的路，才能有所成就，否则一辈子活在别人的目光中，束手束脚，也许一辈子都将一事无成。

经典故事

一天，有一对父子牵着毛驴去赶集。他们刚从家走出来没多远，就有人说："你们父子俩牵着毛驴走，不是太傻了吗？走到集市去多累呀！"父子俩一听，觉得挺有道理，于是父亲就让儿子骑着毛驴，他在下面走路。可是走着走着，有人指着他们说："你看，那家儿子也太不孝顺了，自己骑着毛驴，父亲在走路！"父亲一听，马上和儿子说："你下来，我来骑毛驴！"

没过一会儿，又有人朝他们迎面走过来，这时，有人指着父亲说："你儿子还这么小，你也忍心让他走路啊！太不心疼孩子了！"这时，父亲想：我骑着毛驴不对，儿子骑着毛驴也不对，那就干脆一起骑着吧！两个人刚骑上毛驴没多久，又有人说话了："你们父子俩就这么虐待毛驴啊！你看看，这毛驴都快被你们俩压死了！"父子俩的脸再也挂不住了。得了，索性把驴绑上，抬着驴走……

来来往往赶集的人看着这对奇怪的父子纷纷大笑起来！一个妇人笑着说："天下还有这么蠢的一对父子，有着好好的毛驴不骑，竟然还抬着毛驴来赶集！"这时，父子俩脸变得通红通红的，赶忙将抬着的毛驴放了下来，可是骑着也不是，不骑也不是，这可如何是好呀？父子俩站在那儿犯起愁来。

第二章
有钱 ≠ 有价值：洞察自我，做一个有价值的人

从他们身边路过的人，都纷纷摇头，其中一个青年看着他们说道："何必在意别人怎么说呢？自己想怎么做就怎么做，难不成，你们要一直站在这里吗？"父子俩听后，觉得很有道理，于是牵着毛驴继续赶集去了。

🌱 导师箴言

在人生道路上，我们听到的反对意见太多了，这个时候，就要求我们自己有明辨是非的能力，而不是一味地屈从于别人的看法，而改变自己的想法。如果总是被别人干涉，缺少独立思考的精神，那么无论什么事情，我们都有可能半途而废，甚至事情还没有开始就已经夭折，因此，要想有所成就，就走自己的路，让别人说去吧！

——NLP卓越商业导师 苏学锋

6
"完美"是妄念,"趋向完美"才真实

❋ 问题困惑

在生活中,我们常说:把一件事做到完美,做到极致!但事实上,"完美"和"极致"真的存在吗?追求完美是怎样的一种心理?

♞ NLP总裁智慧系统解码

在生活中,每一个人其实都喜欢"完美",这是人性最高层次的追求。正是因为有了这样高层次的追求,才会激发出内心深处创造和改变的动力。可是,一旦我们将"完美"视为做任何事情的标杆时,并且达不到就会沮丧,甚至于大发雷霆,它就不再是我们积极向上的动力,反而变成了一种前行的阻碍,成了我们奋发向上的拦路石。

NLP总裁智慧系统认为,完美是人类心中的一种妄念。别忘了,世上唯一不变的就是变化,既然我们时时刻刻都处在变化之中,那么又如何来确定完美的标准呢?我们可以不断地接近完

第一章
有钱 ≠ 有价值：洞察自我，做一个有价值的人

美，却不能彻底地实现真正意义上的完美。

世界上其实根本就不存在完美无缺的人与事。有一句话说得好：人无完人，金无足赤。完美其实就是一种绝对的态度，当我们朝着绝对这条路一路前行，不肯回头时，其实就已经在误区中越陷越深了。

可是，如今有太多的人在追求完美的过程中不能自拔，他们一遍又一遍地犯着相同的错误。在生活中，他们不仅仅是对自身的各个方面要求完美，对于周围的其他人，他们也会如此要求。正是因为这样，使他们心理无法平衡，苛刻的要求，不仅导致迷失自我，更令身边的亲人、朋友都开始远离自己。世界本无完美，只有趋向完美，正确认识这点，才能更好把握做事的尺度，更好地经营自己的人生！

经典故事

有一位青年对自己的人生很不满意，他总是觉得自己错过很多的东西。有一天，他在一张纸上写下自己的祈愿，并诚心跪在地上，向上帝发出祷告。上帝在接收到他的信息之后，思量许久，最后看在他如此诚心的份儿上，于是来到人间，决定满足他的愿望。

上帝到了人间之后，问青年："你为什么对自己人生不满意呢？"青年回答说："我现在的妻子每天都很唠叨，我实在忍受不了这样的生活，所以我觉得都是自己当初选择错误，才造成了如今的后果，上帝啊，请你多给我几次机会吧！让我选择一个最好的妻子！"听了青年的话，上帝笑了笑说："好吧，你只有三次机会，如果你都不满意，你就只能回到现在的生活！"青年很高兴地同意了。

上帝大手一挥，青年就回到了自己没结婚的时候。这时，青年在

街上忽然遇到了一位十分漂亮的姑娘，他们两人一见倾心，很快就走入了结婚的殿堂。刚开始的日子甜甜蜜蜜，可是没过多久，青年就发现自己的妻子尽管长得漂亮，但是不会待人接物，而且做起事情也慢慢吞吞的，两个人根本无法沟通。于是，他赶紧向上帝祷告结束自己的这段婚姻，上帝同意了。

进入第二次婚姻，青年的妻子，除了长得漂亮，还特别能干，但没过多久，青年发现自己的这个妻子时常发脾气，她的聪明能干全成了讽刺自己、耍弄自己的手段。长期以往，青年觉得自己在家中一点价值都没有，反倒像是牛马，他无法再忍受这样的生活，于是他又开始向上帝祷告结束自己的第二次婚姻。上帝对他笑了笑，也同意了。

进入第三次成婚，青年的妻子不仅漂亮、能干，还脾气特别好，在结婚之后，两个人相处得很好。可是一年之后，妻子却忽然患上了重病，医生诊断说："以后只能卧床不起，靠别人来照顾了！"很快，青年的妻子就变成一张病态黄脸，失去了往日的年轻和漂亮，能干也派不上用场，只剩下了对青年的好脾气！这时，青年才明白世上没有完美的事。于是，他又请求上帝结束这第三次婚姻，让他回到最初的生活中。

导师箴言

其实，世界本无完美，只有趋向完美，勇敢接受不完美的存在，才会一点点靠近完美。对于生活中的缺憾，我们每个人都应该选择用一颗平常心来对待。要知道，完美是一种妄念，在不停变换的时空角中，完美是无法被定义的！因此，如果一味地追求完美，只会让自己脱离本真的生活；万事万物若是过于追求完美，就会变成一种负担。

——NLP卓越商业导师 苏学锋

7

突破自我：你恐惧什么，就去做什么

❀ 问题困惑

在这个世上，面对很多事情，我们心里会无来由地产生恐惧，产生这种恐惧的原因究竟是什么？如何让自己变得不再恐惧？

♟ NLP总裁智慧系统解码

在生活中，我们常常会莫名地产生一种恐惧感，这种恐惧感来源于我们的内心深处。我们恐惧的事情大都不会相同，这足以证明，令人感到恐惧的并非事情的本身，而是我们自身对事情而产生的一种反应。

这种恐惧感伴随着我们，让我们总是难以前行。很多人想要改掉它，却发现如此之难，其实，所谓的恐惧感不过是我们内心的想象而已，想要真正驱除它，就必须在潜意识里将其彻底根除。否则，它会伴随你终生，而且总是会在关键时刻影响你的生活。

NLP总裁智慧系统认为，要消除恐惧心理，让自己变得勇敢无畏,活出自我风采,那么首先要做到的就是:重新审视你的自我回避行为,然后不断告诉自己:这样的行为是错误的!是不利于自我发展的!

当你进行自我说服之后,就要开始展开行动!否则,一切准备都将毫无意义!你越恐惧的事情,你越要去做!当你尝试了之后,便对恐惧的事情有了一定的了解,减少了"未知"的恐惧感,慢慢地,你的内心深处的恐惧感就会逐渐消散,直至不见。

经典故事

在很小的时候,库柏在周围人的眼中,十分懦弱胆小。其实,这也可能跟他的成长环境有关。他在一个准贫民窟里长大,父亲是移民过来的,收入十分微薄。所以,为了帮助家里,库柏经常拿着一个破旧的煤桶,去附近的铁路上捡煤块。

每一次捡煤块的时候,他都要小心翼翼,以免被放学的孩子看到,又跑过来欺负他。不过尽管如此,他还是常常躲不过那些孩子的埋伏,他们朝他投掷石子,以此来取乐。有的时候,那些孩子还会更过分,他们会把库柏捡来的煤块又重新扔到地上。库柏常常因为这帮孩子的欺负而默默流泪,但他从来都不敢反抗。

后来,有一次,库柏看到了一本书,在那本书里,也有一个和他拥有同样遭遇的少年,但是和他不同的是,那位少年勇敢地面对,最后战胜了这些不幸,他也想成为一个具有勇气的人!他静静地把那本书看完,不知不觉汲取了书里面的力量。

几个月之后,他又到铁路上去捡煤,捡着捡着,他用余光忽然看见了三个孩子躲在一个房子的后面,那一刻,他特别想拔腿就跑,但是一瞬间,他想起了书中那位勇敢的少年,于是他抬起头,紧紧地

第一章
有钱 ≠ 有价值：洞察自我，做一个有价值的人

抓着手中的煤桶，开始大步向前走去，仿佛他就是书中那位勇敢的少年。很快，一群孩子打了起来，库柏一改往日的胆小，把煤桶扔到一边，开始挥动自己的双臂进行抵抗。

混乱中，库柏一拳打在了一个孩子的脸上，单脚又踢到了那个孩子的膝盖上，那个孩子猛地看了他一眼，转身就跑掉了。而剩下的两个孩子还在和他厮打着，这时，库柏意识到，若一直这样纠缠下去，自己肯定吃亏，于是他用力推开其中一个孩子，把另一个打倒在地，发疯似的揍他的腹部和下巴，直到他没力气再起来。最后还剩下一个孩子，库柏径直朝他走去，或许是被库柏的气势吓到，这个孩子最终也跑掉了。

这时，库柏才一下子瘫软在地，瞅了瞅自己身上，青一块，紫一块。但他心里开心极了，他心想：这一仗打得真好。这是他一生中重要的一天，那一天他已经克服了恐惧。从那之后，库柏再也没有惧怕过任何事，他总是提醒自己要战胜懦弱，战胜恐惧，战胜一切，这种力量支撑着他，直到他成为全美最受尊敬的法官之一。

导师箴言

在严峻的现实和激烈的竞争面前，很多人在未行动前便败给了自己，因为他们恐惧失败比相信成功更强烈。每件事情的结果都有两种，成功，或者失败。你相信哪个，哪个便会成为事实。不要恐惧任何东西，更不要把"未知"和"危险"等同！你越恐惧的事，就是你越该突破的事！恐惧什么，就去做什么！才能实现突破自我！

——NLP卓越商业导师 苏学锋

8
没有"垃圾",找对框架你也是宝

问题困惑

为什么有的时候,人总是会在同一个地方栽跟头?是你不长记性,还是你压根就不适合去做这件事?你思考过这个问题吗?

NLP总裁智慧系统解码

"尺有所短,寸有所长。"在这世上,无论是谁都有自己的长处,也有自己的短处。很多人在同一个地方栽跟头,也许并非不长记性,只是他并不擅长做这件事,所以做得不是那么的好。**NLP总裁智慧系统认为:没有谁是"垃圾",只要用对框架就是宝!**但是,很多人意识不到这一点,因为他对自身的优缺点还没有认知。其实,只要思想一"换框",就能察觉自己的独特优势!

对于长处和短处,我们每个人都应该学会理性看待,千万不要只看长处,而忽视短处;也不能只看短处,而忽视长处。如果

第一章
有钱 ≠ 有价值：洞察自我，做一个有价值的人

一个人只看到自己短处，看不到自己的长处，就很容易产生自卑情绪。只有看到自己的长处，正视自己的短处，扬长避短才能产生自信，才能使自己增添无穷的力量，创造出奇迹来。

在生活中，每个人都有自己最擅长的一面。有人擅长写作，有人擅长算术，有人擅长画画，有人擅长研究。对有些人是很难的东西，而对于另一些人就是小菜一碟。所以，我们应该明白：一定要做最适合自己的事情，不要迎合别人的口味去做一件不属于自我，但又要付出一生代价的事情。

经典故事

小时候，罗伯特无论怎么努力读书，他的学习成绩也只能是勉强跟上，而其他的同学却总是边学边玩，还能取得不错的成绩。无论他如何用功，成绩总是上不去。高中毕业时，他的班主任找他谈了一次话。班主任说："罗伯特，我看得出来，你是一个非常努力的孩子，但你的学习却总是没什么进步。如果再这样学下去，你能肯定自己可以进入大学吗？"

罗伯特深深低下了头，班主任看出了他的沮丧，拍拍他的肩膀，斩钉截铁地说："罗伯特，情况根本就不是这样的，你抬起头来看着我。"罗伯特虽然觉得十分羞愧，但还是缓缓地抬起头看着班主任老师。"罗伯特，不要灰心，别把自己看得一无是处。要记住，每一个人都有自己的优点，你当然也不例外。只是你的优点还隐藏在你身体里面，并没有表现出来或者表现出来了却不为人知而已。那么，罗伯特，你的优点到底是什么，这得由你自己去发掘。努力吧！老师相信你。"

罗伯特得到了巨大的精神动力，高中毕业后，他没能升入更高学

府,所以不得不外出谋生。为了养活自己,他曾经从事过各式各样的工作,如推销员、水泥工、送报人等等,不过,他并不喜欢也不适合做这些工作,因此都做得不长久。但尽管如此,他仍没有放弃找寻自己的优点,更没有再怀疑过自己的能力。

最后,他得到了一份修剪花草的工作,从第一天起,罗伯特就喜欢上了这份工作,而且,他的园艺技术棒极了,经过他整理过的园圃,常常引来一片赞美声。后来,他被人们亲切地称为"绿拇指"。一次,罗伯特经过市政府门前的时候,发现市政府门前那一块荒地和周围的环境很不协调。罗伯特想了想,如果把它改造成花园就美丽多了。于是,罗伯特马上去找参议员,向他提出了自己的建议,并许诺自己愿意免费为政府工作,参议员喜出望外地同意了。

说干就干,第二天,罗伯特就带了工具动手干起来。首先,他在空地上种了几棵树苗,接着又从朋友那里弄来了各式各样的花卉精心栽在树的周围。刚开始,整片空地上只有罗伯特一个人在忙碌着,后来参与帮忙的人竟然越来越多。原来,很多人听说了罗伯特的事情,都主动前来帮忙。有的提供各种花苗,有的扛来了优质化肥,什么也没有带的人就帮着扶树苗、填土,空地上一片热闹景象。就这样,一段时间以后,一个美丽的花园就奇迹般地出现在市政府面前。绿茵茵的草坪、娇艳美丽的鲜花、沁人心脾的芬芳,过往行人无不为眼前美景所吸引,驻足观赏,孩子们更是高兴地在其间追逐嬉戏。当大家得知花园的来历时,无不夸赞罗伯特做得好,一时之间,罗伯特在这里成了家喻户晓的名人。

导师箴言

一个人,如果希望自己的人生能够取得更大的成就,那么就

第二章
有钱≠有价值:洞察自我,做一个有价值的人

应该立足于自己擅长的领域。当我们发掘自身的优点和长处的时候,要保持热情,并且最大限度地去发挥它,这样,我们就有可能创造一个与众不同的人生!

——NLP卓业商业导师 苏学锋

9

入框为"囚"，破框才为"人"

❋ 问题困惑

为什么这世上有的人能够成为亿万富翁？为什么有的人却只能一辈子碌碌无为？为什么有的人总能不断地创造？而有的人却始终与创造无缘？

♟ NLP总裁智慧系统解码

人生最大的挑战，不是挑战别人，而是挑战自我，因为生活中，那个最凶狠也最温柔的敌人就是自己。改造自己，总比禁止别人来得难。这句话带给我们的启示是：人们总是很容易苛求别人，但却不容易改造自己，去适应别人。进一步说，人的一生有无数个敌人，其中最大的敌人是自己。人只有战胜了自己才能战胜他人，才能成为最大的胜利者。

NLP总裁智慧系统认为，人类最伟大的挑战，就是战胜自己。每个人的蜕变，都是从内心深处的思想开始！战胜自我，就

第一章
有钱 ≠ 有价值：洞察自我，做一个有价值的人

是调整自我思想，促进好的行为、行动的产生。现实生活中，每个人都是在不断战胜自我的过程中走向成熟。在这个过程中，有的时候需要战胜平庸；有的时候需要战胜挫折；有的时候需要战胜懒惰……

人是不断变化发展的，这样就要求我们不断更新、完善对自己的认识，而不是固守原本的思想，唯有如此，才能令自己变得更好和更优秀。每个人都应该打破思维框架，从各个角度来审视自己，用全面的、发展的眼光看待自己，启动正面信念系统，去战胜眼前的一切困难，破框而出，战胜自己，就能成为生活的强者。

经典故事

在安徽农村，有一对亲兄弟，哥哥叫李刚，弟弟叫李越。前年，他们喝醉了酒，躺在家里休息，不料屋子却意外着火，邻居看到之后，立刻打电话报警。消防员赶来之后，立刻对他们展开抢救，幸运的是，他们顺利被救了出来。但是，这场大火将他们烧的面目全非。他们的父母哭成了泪人。

半年后，他们从医院里出来，李刚开始逐渐找回曾经生活的节奏，而李越却对生活失去了信心，他不敢出门，整日闷在家里，也不和任何人说话。每一次，李刚看到他郁郁寡欢的样子，十分担心，于是就规劝道："弟弟，这场大火，虽然让我们容貌尽毁，但是庆幸的是，我们终究活了下来！这让我意识到，生命真的是太宝贵了！因此，我决定要好好珍惜自己的生命，好好地活下去！"

这番话虽然说得很动听，但是已经心灰意冷的李越，根本没有把话听进心里去。村子里的人，对这两兄弟也是议论纷纷。最终，李越实在是扛不住压力，选择以自杀的方式结束自己的生命。而李刚却不

在乎别人的看法,继续做自己该做的事情。他在心里这样告诉自己:"没有什么比我的生命更重要!"

没过多久,李刚找到了一份货运司机的工作,一天,他和往常一样运送货物到北京,半路上,他看到有人从桥上跳进了河里。他立刻将车停到了路边,跳进河里,将跳河的人救了上来。谁也没有想到的是,他救下的那个人竟是富甲一方的商人,因为一些小事想不开,才选择了跳河。商人醒来之后,非常感激李刚的救命之恩,于是就邀请李刚和自己一起打拼。就这样,李刚从一个普通的货运司机,成了一个拥有亿元资产的运输公司的老总。有了钱之后,李刚整了容,变得比以前更加意气风发。

导师箴言

"人"字加框即为"囚",这个框架,是我们身处的环境,也是我们大脑的思维,如果我们不能打破这个框架,永远生存在这个框架中的话,那么我们永远不可能成为一个真正有价值的人!因为,只有懂得破框而出的人,才能看到更多新鲜的事物,创造更多的机遇!成就更出色的自己!

——NLP卓越商业导师 苏学锋

10
丰盛思想蓝图，激发内在潜能

❋ 问题困惑

很多人内在的潜能为什么发挥不出来？是自身真的不具备能力吗？还是压根没有激发潜能的欲望和需求？

♟ NLP总裁智慧系统解码

在马斯洛理论中，曾对人的自我实现需求进行过详细的分析！并认定为大多数人对自我实现的需要都有强烈的渴望。虽然看起来好像所有的人都具备实现自我的潜力，可实际情况却很少有人达成。这是为什么呢？归根结底，是人心里面的信念感不够强烈！因此，不具备激发出潜力的条件！

人的本质中有一种自我发展的趋势，但是人们还潜藏着相反的惰性。惰性之下，人们还有自我逆向发展的可能，并成为习惯。人都有自我张扬和自我实现的愿望和潜能，可是，人们往往压制和掩饰这种本能，不让它张扬出来。对自我发展本能的压制

和掩饰，往往导致人性最积极的潜能的萎缩和堕落。

NLP总裁智慧系统认为：**成功和年龄没关系，和性别没关系，和学历没关系，和丰盛的思想蓝图有关系**！因此，我们要时常给自己一种积极的暗示，这样才能开启我们激发自身潜力的大门，要知道，每个人的潜能是巨大的。人的潜能得到发挥，就会犹如一个运动员一样可以取得自己不敢想象的成就。

经典故事

小时候，芬妮的智力就不如其他人，甚至有老师说她反应特别迟钝，怎么教都教不好！这导致她连续两次降级，后来实在是跟不上班级的学习，最后只能选择退学！后来，仅仅18岁的她，就在母亲的安排下嫁了出去，结婚之后，她生了三个孩子——两男一女。不幸的是，她的两个儿子被医生诊断为低能儿，这使她难以忍受。她决心要帮助孩子，首先自己给孩子做个好榜样，从求学做起。

她到两年制的得克萨斯南方学院学习，同时还兼顾家务，每天两头忙。皇天不负苦心人，到第一学年末，芬妮忽然间发现自己并非真的比别人差！她是可以通过努力，让自己变得更优秀的！从那之后，她信心大增，不仅继续在南方学院学习，又到处寻找适合自己的课程，并去学习。三年的时间恍然而逝，令大家都未曾想到的是：她竟然取得了初级学院学位，还以优异的成绩取得了泛美大学的理科学士学位。

她的孩子们对母亲开始有了新的认知！和其他墨西哥母亲不同的是，他们的母亲竟然上了大学，还取得如此优异的成果！孩子们在心底里十分敬佩母亲。在芬妮的支持和鼓励下，孩子们各方面的能力提升得很快，最后，凭借不断提升的学习成绩，他们最终脱离了差生的

第一章　有钱≠有价值：洞察自我，做一个有价值的人

标签，回到了正常班级学习！

而芬妮仍旧没有停止脚步，继续努力着！通过不断丰盛自己的思想，她的潜能得到了更大的爆发！1971年，她获得了文学硕士学位，紧随其后，又担任了豪斯登大学墨西哥美国文化研究所的理事。新的工作又促使她去攻读行政管理的博士学位，学习工作之余还在大学任教，每周还给基督教女青年夜校上两次课。

她从未忘记她的孩子们。她总是挤出时间赶回家来关心孩子们的学习，到学校参加家长会，观看孩子们参加的所有体育比赛。在她的悉心关怀和引导下，三个孩子都取得了骄人的成绩。

导师箴言

很多情况下，人们对自己的潜能全然不知，他们既不知道什么是有可能做到的，也不理解自我实现会给人带来什么好处。一个人只有把自己的目标定得高一些，并敢于张扬自己的个性，那么，他们就可能发掘出自己不可想象的潜力。

——NLP卓越商业导师　苏学锋

· 导师语录 ·

★ 每一个人的信念、价值观和规条系统都是在不断演变中，所以没有一个人在两分钟内是一样的。

★ 当你拥有了智慧你就拥有了财富，拥有财富与年龄、性别、环境等无关，与"智慧"有关。

★ 大脑装的东西不受限制，为什么不丰富你的思想蓝图？思想蓝图越大，对外界的辨别能力越强，把握商机的能力越准确。

★ 找一个人的缺点像夜空的星星，找一个人的优点像白天的太阳。

★ 当你自己放弃，全天下人都会放弃；当你自己不放弃，全天下都会帮你。

★ 不要羡慕别人的成功，因为别人做的比你多，见的比你多，经历的比你多。

★ 想要达到自己想要的结果，不要用自己的思维蓝图衡量别人，因为每个人的信念、价值观、规条只是对自己管用。

★ 改变思维——行为提升能力。行为框架超越不了思维框架，不断去升级思维才能提升能力得到想要的结果。

★ 不是今天决定未来赚多少钱，而是未来赚多少钱决定了今天做什么事儿。

★ 如何学：学习为了获得更多的能力，学能力最终也是想成为执行者，想要成为决策者需要学智慧（付出金钱、时间、精力）。

第二章

重塑信念系统：
将"不可能"变成"可能"

　　人的一生所有的创造力都在于"信念"二字。信念是行动的源头，没有信念或者信念不坚定，都会影响一个人前进的方向或速度。想让自己的人生更有意义，就必须从树立信念开始，这样一切才皆有可能！

——NLP卓越商业导师　苏学锋

第三章 重塑信念系统：将"不可能"变成"可能"

1 梦想还是要有的，万一实现了呢

❈ 问题困惑

梦想对我们每一个人而言意味着什么？我们为什么要有梦想？没有梦想的人和有梦想的人，在本质上有什么区别吗？

♟ NLP总裁智慧系统解码

马云曾说："梦想还是要有的，万一实现了呢？"这句话不无道理。当初他成立阿里巴巴，请了24个人来到自己家里，召开一场会议，询问大家意见，并投票表决，最后23人否定了他，支持他创业的就仅有1人！他思考了整个晚上，第二天仍对自己的梦想义无反顾，如此，才成就了现在的自己。

很多人可能到现在依然无法理解"梦想"的定义。其实，所谓的"梦想"，就是人类心中对自己的期许，与此同时，也可算作对人生的一种定位。心中怀有梦想的人就是敢于对自己高点定位的人，而没有梦想的人，他的人生定位也是不清晰的，未来也

难免晦暗不明。

梦想的意义在于自我价值和社会价值的实现。当然，若想梦想变成事实，必须要完成从思想到行动的转化，只有付出不懈的努力，才有可能达成心中的梦想。与其坐而言，不如起而行。当一个人拥有梦想，就等于拥有了前进的方向。梦想可以让追求从旧走到新，坚持可以从梦走到真，追求愈执着，成功就愈近。

经典故事

小米创始人雷军，能够成就如今的风光，除了不可忽视的努力，其实也源于他心中从未抛却的梦想。在上大学的时候，他的心里就涌现出这样一个梦想——做一家世界一流的公司。那时的他，大学成绩十分优异，是同学中的佼佼者，专业课的老师和班上同学都非常喜欢他、欣赏他。大一时期，他写下的PASCAL程序，幸运地被老师选中，成了下一版教材的示范程序。很久之后，通过一个学弟，他才知道，系里二十多年《汇编语言程序设计》满分成绩仅有的两名学生，他就是其中的一个。

进入大三之后，雷军和他的好哥们王金国一起开发一个软件。为了尽快完成这个软件，他们两人每天起早贪黑，不停地工作。在一个星期天的晚上，他们忙完后正要出去吃饭，看到天边染红的夕阳。对于那一天，雷军印象很深，他说："当我们见到太阳的时候，太阳已经下山了。"吃完饭后，他们又回到了公司里，躺在沙发上，翻来覆去就是睡不着，于是他们开始浮想联翩，在脑中有一家属于自己的大公司浮现在自己的眼前。

幸好，所有的辛苦付出都没白费，雷军通过自己的努力，终于拿到了他人生的"第一桶金"，从那之后，他对自己心中的梦想更加坚

第三章 重塑信念系统：将"不可能"变成"可能"

定不移。他一直有个座右铭，是马丁·路德·金的一句名言"I have a dream（我有一个梦想）"。

从有了梦想的那一刻起，雷军就一直被梦想激励着，即便到了四十岁，他仍旧怀着对梦想的希冀，创办了小米公司，那时的他说："创业如跳悬崖，我40岁，还可以为我18岁的梦想再赌一回。"当他成功之后，他仍不忘提及梦想，在台湾跟台下的热血青年分享自己的心路历程时，他说："谈到年轻，谈到创业，最最重要的关键词就是梦想，为什么谈梦想呢？因为我觉得梦想最能给每一个人激励的词汇，我自己呢，也是深深被梦想所激励……"

导师箴言

一个拥有梦想的人，必然是想利用自己的人生，为自己、为社会、为国家创造价值的人！与此同时，更是一个有着坚定信念的人，这样的人，更容易获得成功！反之，对梦想完全没有概念，甚至于说自己没有任何梦想的人，是对人生没有规划的人！这样的人，成功的几率很小，且多出自偶然。

——NLP卓越商业导师 苏学锋

2 冲破"三无"状态，找到自我价值

问题困惑

很多人，在生活中一直处于一种被压制的状态，这可能和自身的性格有关，也可能和自己所处的环境有关，怎样从这样的状态中跳脱出来呢？

NLP总裁智慧系统解码

在生活中，人们常常在经历一些挫折和坎坷后，无法正视它们所带来的冲击，于是被自己的思想所困锁，进入到一种"三无"状态。这种状态，其实是对自身发展的全盘否定，如果不及时从中跳出，那么将无法为自己创造价值，更别谈什么梦想和人生追求了。

在NLP总裁智慧系统中，所谓的"三无"状态，是一种极致的限制性状态，它包含三点：无望、无助、无价值。 无望，是人们对自己心里认定为没有可能、没有希望，觉得自己一无是处；

第三章
重塑信念系统：将"不可能"变成"可能"

无助，是人们处于某种特殊环境，自己有能力，但是却没有办法去发挥；无价值，是人们认为自己没有资格，或是自己并不值得拥有。

这三点，一旦成为某个人固定的思想框架，那么这个人即便有能力，也毫无用武之地。NLP认为，一个人想要有所成就，拥抱成功，实现自我价值，那么首先要从限制性的状态中走出，给自己树立一个积极向上的思想。一个人的改变，在于他想要去改变，如果他不想改变，无论别人做什么，都没有用。

♟ 经典故事

1978年4月1日，胡一舟出生了，但上帝跟他开了一个玩笑，这个可爱的男孩被医生评定为先天愚型儿。他的父母很伤心，这是他们的第一个孩子，不管怎样，一个鲜活的生命既然来到了这个世上，就是割弃不了的血脉情缘。

时间一点一点过去了，胡一舟渐渐长大，身为城市乐团低音提琴手的父亲，开始带着他去上班，他很听话，不哭也不闹，就安安静静地坐在排练厅的一角。一次排练的间隙，胡一舟竟然自己爬上了指挥台，拿起指挥棒挥舞起来，他的动作是那样地惟妙惟肖，台下的演奏成员都感觉不可思议：因为他模仿得太像了，就仿佛被施了魔法一般。后来，演奏成员特地给舟舟在指挥台上置放了一个位置，只要音乐一响，他就会站在那里，拿起指挥棒，和大家一起练习。

时间一长，胡一舟对音乐的感悟越来越通透，他的指挥也越来越棒。一次偶然的机会，他走进了教堂，当音乐声响起的时候，他开始半闭着双眼，陶醉其中，双手徐缓地挥动着，这和他平时在"指挥"《卡门》时所展现的激昂之感完全不同。当神父知道他是一个弱智人

的时候,心里感觉万分神奇!

在不断练习指挥的过程中,乐队首席大提琴手刁岩对胡一舟的帮助是最大的,他总是十分耐心地帮助胡一舟,并且总在找机会,想要圆他一个指挥梦!1999年1月22日,他的机会来了!受中国残联邀请,胡一舟登上了北京保利剧院的指挥席,那是一次中央领导和外国使节齐聚一堂的新年音乐会,他成功指挥交响乐团演奏了乐曲《瑶族舞曲》《拉德茨基进行曲》,在场观众无不为之动容!

从那之后,他指挥演奏的足迹开始遍布美洲、欧洲、亚洲、大洋洲以及国内近60个大中城市!通过努力,一个被客观条件封闭在"三无"状态中的弱智儿,终于找到了自我价值,成就了一个独特的奇迹!

导师箴言

无论主动,亦或被动,长期处在"三无"状态之中,人的思想会变得越来越封闭,人的价值也会一点点被消磨殆尽。就像一台无人打理的机器,它再好,如果放在角落里无人使用,也只能落满灰尘,锈迹斑斑。一个人若不想余生都处于碌碌无为的状态之中,必然要竭力发挥三套软件的效用!冲破"三无"状态,就是一次新生!

——NLP卓越商业导师 苏学锋

第二章
重塑信念系统：将"不可能"变成"可能"

3

走出舒适区，困难是蜕变的开始

❋ 问题困惑

在生活中，很多人可能对"舒适区"三个字没有一个完整的概念。那么，到底什么是舒适区？为什么人们喜欢待在舒适区里不出来？

♘ NLP总裁智慧系统解码

NLP总裁智慧系统认为，人不管是身体层面还是心理层面，都存在一定的"舒适区"。当一个人身处"舒适区"的时候，无论做什么事情，都会感觉得心应手。在自己所熟悉的环境中，做已经十分熟稔的事情，和熟悉的人沟通、办事，都会形成一个规律，正所谓"习惯成自然"，很多事情都已经是条件反射，生活中、工作中遇到的各种问题，几乎不用思考就知道如何解决。

处在这样的环境中，很多人过得无比自在，所以也会感觉自我良好，它给我们带来的好处是，可以帮助我们维护自我形象，建立心理防御屏障等，但是缺点也十分明显，由于适应了这样的节奏，没有磕绊和打击，可能让我们安于现状、不思进取，渐渐地，我们就会发现自己的水平和能力在不断退化，眼界也开始变窄，见识开始跟不上时代的发展。

听过"温水煮青蛙"的故事吗？其实待在舒适区和这个故事是同样的道理。当我们把一只青蛙放进开水里，它的第一反应一定是猛力跳出，但是放在温水里再慢慢加热，就不一样了，青蛙会感觉舒适而选择不动，当温水烧开，青蛙已无力跳出，只能等死。人在舒适的环境中，就会懈怠自己的思想和行为，不再成长，直到最后幡然醒悟，却已经为时晚矣。因此，想让自己不被时代所淘汰，就要果断走出舒适区，完成每一个阶段该有的蜕变和成长。

经典故事

程晓云是一个十分漂亮的姑娘，大学毕业后，她进入一家广告公司做人事助理。平日里，她的工作就是负责招聘，办理离职等一些事项。一晃三年过去了，她早已经习惯了这样的节奏，朝九晚五，做五休二，小生活非常自在，每个月领着固定的4000元工资，和她同期进公司的小姑娘不是跳槽，就是升到了更高的职位上去。

一天，人事主管将程晓云叫到了办公室，跟她谈了许久，并针对她未来的职业发展规划做了一番详谈："你看，你毕业也有三年了，难道没有想过升到更高的职位上去吗？一直在这样守着人事助理的职位，对你未来没有任何的益处！"没想到程晓云说："我觉得现在这样很好呀，工作又不累，挣的钱也够花，就先这样吧！"人事主管见她并没有想要改变的意愿，便没有再多说什么。

第二章
重塑信念系统：将"不可能"变成"可能"

一年之后，程晓云负责面试一批新毕业的90后小姑娘，其中一个姑娘见到她之后，热情地打招呼："程姐，您好！"程晓云点了点头，两人继续聊了起来。面试过后，程晓云对她比较满意，决定录用。没想到，这时，这个姑娘问了一句："程姐，您今年多大了？"程晓云笑着说："28岁了！"

"28岁还在做人事助理呀！"话音刚落，程晓云的脸色就变得十分难看。姑娘走了之后，她心里越来越不是滋味！想想自己这几年，一直没有上进的欲望，周围的好多朋友、同学，有的已经拿着二三十万元的年薪了！这个时候，她才感觉后悔，自己没听进人事主管的话，不过她已经决定不再在"舒适区"里待着了，她决定通过努力，成为一位人力资源师！

导师箴言

一个人的价值，是在不断地改变中凸显出来的！改变的本质，就是让自己走出舒适区，而走出舒适区最好的途径就是不断挑战困难、恐惧以及不舒服的感觉。当我们什么时候能够接纳并拥抱前进路上的不舒服，就证明自己正在不断成长！

——NLP卓越商业导师 苏学锋

4
信念有障碍，无非盲、忙、茫

❀ 问题困惑

很多人在追求梦想、追求成功的道路上，并非没有自己的想法，而是在不断践行自己想法的过程中陷入迷途。那么，这个时刻，该如何将自己调整到最初的状态呢？

♟ NLP总裁智慧系统解码

想追求成功的人，心中必然有自己的信念，但是这并不能够保证在长期践行的过程中，我们的信念能够不受干扰。很多人会被各种琐事、杂事纠缠，从而导致对自己的行为产生质疑，失去方向感。而方向感的迷失，就直接导致自己会陷入一种瞎忙的状态，最后会进入到茫然无措的情境中，不可自拔。

在NLP总裁智慧系统领域，"盲""忙""茫"属于信念的三大阻碍元素。所谓"盲"，指的是没有办法实现想要的结果，进而失去方向感；所谓"忙"，指的是无规划、无组织，效率不高，

第二章
重塑信念系统：将"不可能"变成"可能"

所做非所想；所谓"茫"，指的是在追求结果的道路上，很多阻碍没有办法及时排除，于是横亘其中，导致事情无法进展或是达到完满。

想要破除信念的三大阻碍，必须找准三者的痛症之源，之后逐步进行铲除，重塑自己的信念，通过不断地调整，找回最初的状态，找到最适合自己实现梦想的道路，并做好详细的规划，所有事情都分先后主次，有规划地进行工作，才能保证自己不再重蹈覆辙，直至目标达成。

经典故事

卡芙琳是美国一家公司的老板，她当初创立公司的时候，仅仅是因为自己一个好奇的想法。在大量招人之后，她把自己的想法分享给了手下的员工。当然，人多力量大，这个难度不高的想法，很快得以实施，也取得不错的成果！

那之后，卡芙琳常常凭着自己的想法，来给员工分配各式各样的新任务，有的时候任务做到一半，觉得行不通，卡芙琳也不研究深入下去的方法，而是直接选择放弃。长期以往，便积压了很多问题，而且都搁置在那儿，无人去解决。除此之外，大量的工作，挤占了员工们的休息时间，可即便是这样，却也忙不出什么结果。

有员工提议：要减少工作量，集中抓几个重要的任务来做。可是这个提议让卡芙琳十分反感，她认为现在公司如果不保持大量的工作任务，公司就没有办法挣更多的钱。可这样的想法是错误的。大量分散的人力，让任务都搁置在途中，没有办法完工。没过多久，卡芙琳的公司开始变得负债累累，很多员工见此，都纷纷跳槽了。

最终，卡芙琳的公司倒闭了！在询问一位管理专家之后，她才明

白：原来自己始终没有一个清晰的发展规划和目标，导致员工根本没有方向。此外，盲目地接手工作任务，让员工忙得不可开交，分散精力，让一切变得拖沓、没有效率！更重要的是，这期间出的任何问题都没有解决，只是搁置，这些问题导致她最终的失败。

导师箴言

无论我们做什么事情，树立目标是第一前提！目标，就是我们前进路上的指路明灯，对个人、对企业都是如此。另外，我们还要学会充分地利用时间，不做忙人，要做有效率的人。遇到问题时，尽快处理，扫清障碍，才能让我们越走越顺。任何干扰信念的东西，我们都要及时清除。

——NLP卓越商业导师 苏学锋

第二章
重塑信念系统：将"不可能"变成"可能"

5

打破限制性信念，没有什么不可能

❋ 问题困惑

在现实生活中，有很多人在未做某件事前，便在心里认定此事不可能达成。事实上，这样的想法很多时候是没有依据的，这就是所谓的限制性信念。那么，该如何打破它呢？

♞ NLP总裁智慧系统解码

在商海中，通常能成就大业的人士，身上必然具备勇于挑战的精神，例如：马云、王健林、马化腾、史玉柱、董明珠……他们总是敢于向"不可能完成"的事情去挑战，所以他们也享受了每一次成功突破后的喜悦！由此可见，敢于向"不可能完成"的事情挑战，是事业成功的基础。

NLP总裁智慧系统认为，思想决定行动，行动改变命运。一个人若是存在限制性信念，而不敢向高难度事情挑战的话，那么即便自己拥有无限潜能，也只能画地为牢，不会有什么大成就的。其实，在这个社会中，无论是谁，身上所具备的才能都是通过不断练习学到的，不管你怎么练习，都不能有畏难的情绪，否则永远练不精。

在生活中，思想框架比较大的人，通常都是敢于挑战一切"不可能"的人！也是敢于第一个吃螃蟹的人！其实，说到底，万事万物都在于人的创造力，之前不可想象的事情，都在人的不断攻克下，取得了胜利。因此，没有什么不可能，所谓的不可能，只是你自己觉得不可能而已。想要打破这样的限制性信念，首先是你要转化自己的思想，相信一切皆有可能；其次，你要尝试着通过实践，让所谓的不可能变为现实。

经典故事

《大长今》曾经风靡整个亚洲，不知大家是否还记得这样一段背景：百本是一味药材，它的药效对人体而言十分有益，因此，几乎所有的汤药中，人们都习惯放入百本。在燕山君时代，朝鲜人民发现了百本的功效，于是将其种子带回，前后花费了二十多年的时间，对其进行培育，结果都以失败而告终。那时候，朝鲜人民已经对种植百本失去了信心，他们觉得在朝鲜种植百本是不可能的，因此，百本就变得十分珍贵，很多官商都漫天要价。

一直在宫中的长今得知百本的效用之后，下定决心要种植百本，她身边的人听说她的想法之后，都纷纷劝她放弃，并说道："你想啊，百本种植了二十多年都没能成功，光凭你，怎么可能将它种出来呢？"可长今不听劝，她心里认定的事情，就一定要做到。

她说："这世上，就不存在不可能的事！"于是她开一条垄沟，在那里种下了百本种子。再细心地浇灌几天后，发现仍没有要发

第二章
重塑信念系统：将"不可能"变成"可能"

芽的迹象。有一次，她发现自己种下的种子还没有发芽，竟然先腐烂了。正常的播种方法失败之后，她又开始尝试其它的方式，例如：条播、点播。在播种之后，她试过很多种管理方法，比如说放任不管，或轻轻盖上一层土，或埋得很深。此外，她也试过浇少量水，也试过浇充足水分，有时连续几天停止浇水。当这些方法都没有起到效用的时候，她又尝试了使用不同的肥料，甚至还浇过自己的尿。可是，百本的种子依然不肯发芽。

即便是这样，长今仍旧没有放弃，她开始不断钻研所有关于百本种植方面的书。后来，在掌握了一定的方法之后，她再次尝试将百本的种子放在两条沟垄之间条播，并轻轻地覆盖泥土，撒上肥料。这一次，她终于成功了！当看到百本发芽的时候，她喜不自胜！通过不断的努力，她真的将大家眼中不可能的事变成了可能。

🍃 导师箴言

其实，生活中那些看似不可能达成的事情，不见得有多难，只是被人无端夸大了而已。思想的三套软件，只要运用好，我们就可以屏蔽掉外界传播过来的"负面"情绪，当我们冷静分析、耐心梳理，将眼前的事情"普通化"之后，就能够想出很多很有条理的解决方案。

——NLP卓越商业导师 苏学锋

6

找准定位，适合自己的才是最好的

❋ 问题困惑

在现实生活中，有很多人总是很努力，但却郁郁不得志。为什么别人轻轻松松就能拿到自己想要的成果？你有想过这其中的原因吗？

♟ NLP总裁智慧系统解码

每个人都是独特的个体，因此每个人都有自己的不尽相同的理想。我们在树立自己的理想时，应根据自身的实际情况，树立适合我们自己的理想，千万不能人云亦云。理想之所以为理想，正是因为我们当前还不能实现它，所以，它是作为一种可能性存在的。但是一个适合你自己的理想，终有一天你能凭借努力将它变成现实。

这世上，但凡取得一定成就的人，都必然找准了自己的定位，并且完全投入其中，将自身的才能发挥到极致。而那些在生

第二章
重塑信念系统：将"不可能"变成"可能"

活中还不停的受到磕绊的人，并不是他自身的能力太差，只是他没有选择好自己的定位。

因此，想要达成目标，实现梦想，走向成功，一开始就要找准自己的位置，唯有如此，才能充分展示自我的才华，实现自身的价值。记住，这世上，唯有真正适合自己的，才是最好的！所谓的适合，其实不在于任何形式，而在于我们自身是否感觉快乐而充实。这个世界，根本不存在绝对的事物，只有相对的事物，因此，我们做什么样的决定、有什么样的选择，其实也就给予我们自己什么样的结果。

♟ 经典故事

李越在大学时，表现十分优秀，常被学校领导提名表扬。在大学毕业后，他没有听父母的劝阻，毅然决然地去了上海这个大城市。

在到达上海之后，他为了找工作奔波了好长一段时间。那时，他总是面试碰壁，在和同学网上聊天的时候，得知几个做销售的同学一个月就挣了不少钱，于是他也跟着心动了，完全没想适不适合自己，就随便找了一家公司干起了销售。可惜辛辛苦苦跑了好几个月，不仅没有攒到钱，自己手里的钱也快花光了。这时，他跟同学诉苦，同学告诉他："其实，要说能力，你比我还要强许多，就是你这个性格不太适合做销售，你应该考虑一下自己喜欢的工作，那样兴许会好一些……"。可惜这番话李越压根没往心里去，他辞了销售工作之后，在网上认识一个朋友，那个朋友跟他说自己是做生产管理的，每个月有四五千元的工资。李越一听，又有点动心了，于是也找了一份生产主管的工作。可是没做多久，不懂管理的他，根本胜任不了，于是他又选择了辞职离开。之后，他又根据别人的建议去尝试了很多不同的

职位,却没有一个干得长久的。

就在去年年底的时候,已经三十几岁的李越根本没有攒下什么钱,看着当初跟自己一起毕业的同学都小有所成,自己心中别提多苦涩了。想了很久之后,他终于吸取了前几次的教训,不再盲目地去追逐高薪或舒适的职位了。他开始根据自己的兴趣和特长来找工作,凭借自己的中文系本科学历和深厚的文字功底,他应聘到一家大型杂志社去做一名编辑。这份工作相比以前的职位,虽然薪水不高,工作量也大,但他却做得非常开心,工作起来得心应手。几个月下来,他就以自己突出的能力和表现令领导刮目相看,器重有加,很快就升职加薪,当上了主管。

当上主管之后的李越,在和朋友分享自己这些年频繁找工作和换工作的经历时,感慨地说:"都怪自己当初贪心,想一下子能拿高薪、挣大钱,还希望过得舒适,所以才处处碰壁,绕了那么多弯路。后来想明白了,做什么事情,还得和自己的兴趣和能力相匹配,其实无论做什么,只有适合自己才是最好的。"

导师箴言

正所谓:因地制宜而量体裁衣。一颗种子,只有找到适合它生长的土壤,才能发芽。同理,人也是如此。在人生的道路上,想要有所成就,就一定要找到适合自己做的事情,才能充分发挥自己的才能,实现自我价值!

——NLP卓越商业导师 苏学锋

第二章
重塑信念系统：将"不可能"变成"可能"

7
杜绝借口，强化自己的行动力

❈ 问题困惑

生活中，常用借口推脱做事的人，是否真的不具备完成某件事情的能力？还是有些人已经养成了找借口的坏习惯？这样的人，如何摆脱借口，让自己动起来呢？

♟ NLP总裁智慧系统解码

NLP总裁智慧系统认为，一个人想要获得成功，就不能养成找借口的坏习惯。"这对于我而言，是绝对做不到的事，你这是在为难我！""我现在还有其他的事情做，你让别人做吧！"类似这样的话语，是不是经常出现在我们的周围？其实，这就是很明显的找借口，但很多人却总是矢口否认这一点。

这样的借口唯一能给自己的安慰就是：我做不到其实是有原因的。可是却没有意识到，这样的安慰害了自己！它会在潜意识中告诉你：所有的事情，并非主观原因，而是客观条件不完善所造成的。这样的心理暗示，会让自身逐渐失去克服困难、尝试攻克的方法。其实，很多事情，哪怕是只要改变一下角度，就可以轻易达到目的。

想要摆脱借口依赖症，就要向成功人士看齐，在他们身上，通常具有开拓和创新精神，无论做什么事，他们绝不会还未开始前，就选择拿借口去逃避。当事情真的具有一定难度的时候，他们会想方设法创造条件。无论成功的希望多么渺茫，他们都不会轻言放弃。因为，优秀的人不管到哪里，都不会无功而返。所以，你若想成为和他们一样的人，就必须将他们视为标杆，开拓自己的行动力，当你把事情真的做起来的时候，借口自然早已远离你。

经典故事

王伟在大学毕业后，通过亲戚的关系，找到一家公司做销售的工作。一次出差中，他不小心出了车祸，从那之后，他的脚就变得有点跛，公司的老板和同事都十分同情他的遭遇，在工作中对他总是颇为照顾。一次，他手里有一笔业务让竞争对手抢走了，这给公司造成了一定的损失，老板问他原因的时候，他解释说："我腿上的旧伤又发作了，比竞争对手才晚去了那么一会儿，我也没想到……。"老板听后，也没再多说什么。

从那之后，他一遇到比较棘手的业务时，便和老板推脱道："我的脚不行，别再给业务耽搁了！"这样的借口说多了，老板以后有什么重要的事情也不再找他了。当然，有时看着别人频频拿着业务提成，他的心里也很着急，于是碰到一些轻巧的工作时，他又跑去和老板说让他接手去做，他的这种做法不仅让老板反感，更让同事生厌。

第二章
重塑信念系统：将"不可能"变成"可能"

他的亲戚得知这一情况后，找到他说："你要是再一直这样下去，恐怕我的关系也靠不住了！你也知道公司不养闲人，团队不养懒人！你处处找借口，还能得到谁的认可与赏识？你扪心自问，那些你推脱的工作，你是真的做不了吗？"王伟听后，惭愧地低下了头。

那天之后，王伟渐渐开始转变自己的态度，以前他推脱的工作，现在都积极主动争取去做，虽然有些奔波，但是每一次也都能顺利达成。老板和同事都看到了他的改变，并对此诧异不已。不过，正是由于他把借口化作了行动力，他的业务水平直线上升，年底的时候，老板当着公司全体员工的面表扬了他，并颁发了优秀员工的奖杯以及丰厚的年终奖！

导师箴言

找借口，通常是人们选择逃避的一种便捷方式，一旦养成了找借口的习惯，我们办事就会变得拖沓、没有效率。只有拒绝给自己找借口，我们才能勇敢面对各种事情，并加以实践，去争取自己想要的成果！

——NLP卓越商业导师 苏学锋

8

学会心理暗示：告诉自己"我能行"

❋ 问题困惑

为什么有些时候，一部分人在面对艰难的工作或任务时，会打退堂鼓？而另一部分人，却充满激情和自信？这两种人的区别在哪里？

♟ NLP总裁智慧系统解码

在生活中，当我们面对一件事情的时候，通常心理已经对这件事做出了评定和区分。例如：容易达成或者不容易达成，喜欢或者不喜欢。其实，这就是所谓的心理暗示。只不过，这种心理暗示源于自己的第一感觉，相对而言，比较被动。

在NLP总裁智慧系统中，人们的心理暗示，其实就是架构意识与潜意识之间的一座桥梁，通过人类的自我意识所产生的行为，能促进潜意识的改变，反之亦然。所以，当一个人想要在行为上做出改变的时候，通常都是在心理层面不断暗示自己。当这

第二章
重塑信念系统：将"不可能"变成"可能"

种暗示为积极的方面，那么行为便会朝向积极的方向；当这种暗示为消极的方向，那么行为便会朝向消极的方向。

因此，如果想要强化自己的信念，让自己成为一个阳光积极的人，那么就要学会运用心理暗示。当你每天花几分钟的时间，不断在心里描述自己的天赋和能力，以及目前为止达到的成就和未来的目标期许，就能够打通自己的潜意识，引导自己做出正确、积极向上的行为！

经典故事

在美国加州，有一家装饰公司的老板，名叫费里昂。在他小的时候，长得十分瘦弱，和其他正常的孩子相比，他的身材就像很多电视广告里那种"不健康"的瘦小体型。他总是感觉自己和其他人相差太多，再加上羸弱的身体，让他更加没有安全感了。他总是说："像我这样的人，做不了什么的！"

可谁都没有想到的是，在他上小学的时候，学校新来了一位教师，她彻底改变了费里昂的命运。有一天，这位老师把他叫到了办公室，并对他说："费里昂，你怎么总是对自己不自信呢？你的思想是错误的！你老是觉得自己很差劲，其实不是这样的！如果你一直这样下去，你就会变成这样的人！但是，事实并不一定是这样的，我敢保证你是一个坚强并且出色的孩子。"

"老师，我不明白你说的是什么意思。难道和别人吹牛，就能让自己变得很强壮吗？"费里昂问道。

老师看了他一眼，无比坚定地说："当然可以！来！你站到我面前来。"于是，费里昂真的站到老师的面前。"现在，就拿你的姿势举例。它证明你脑袋里想的是自己弱的那一面，如果能够想象自己强

的一面，你就不会是现在的样子。来，照我所说的做，想象自己很强壮，相信自己会做得到。然后，真正去做，敢于去做，靠自己的双腿站在世上，活得像个真正的男子汉。"

费里昂真的照着老师的话去做了，当看到自己挺直腰杆的样子，他竟然觉得自己无比神气！从那之后，无论遇到什么事情，他都会在心里不断暗示自己，成为自己想要成为的样子！多年之后，当他再见到这个老师时，深深鞠了一个躬："真的感谢您！老师！我一直记着您说的话："靠自己的双腿站在世上，活得像个真正的男子汉！现在，我真的做到了！"

导师箴言

想让心理暗示达到最佳效果，就必须要注意两点：其一是克服浮躁心理；其二是切勿急功近利。心理暗示需要在平心静气的情况下去完成，并且是通过潜移默化的方式，去实现最终的效果。它不可能一蹴而就，因此需要长期保持，如果仅是三天打鱼两天晒网，那根本不可能取得成功。

——NLP卓越商业导师 苏学锋

重塑信念系统：将"不可能"变成"可能"

9

挫败，是回应讯息反转命运的开始

❋ 问题困惑

活在这个世上，每个人必然都会经历挫败。但为什么有的人能在挫败之后迅速成长？而有的人却深陷挫败的泥潭之中不能自拔？

♟ NLP总裁智慧系统解码

NLP总裁智慧系统认为，挫败是每个人在人生之中必然会经历的事情。挫败包含很多方面：个人、家庭、事业、社交……。每个领域，都可能给我们带来挫败的感觉，关键是我们自身以什么样的态度去面对挫败。我们对挫败的认知，决定我们当下的心情以及未来的走向。

有人说："我不喜欢挫败！"当然，世上每个人都不喜欢挫败，但不可否认的是，挫败不可避免，而且它的存在也具有一定的积极意义。一次挫败、两次挫败，甚至于更多次的挫败，都不代表我们会永远处在挫败之中。

学会正视挫败,就可以接收到挫败带给我们的正确信息,至少挫败能够让我们知道:这样做是不对的!这样做是行不通的!从而让我们可以找寻其他的方式、方法,去达成自己想要完成的目标。而那些挫败的过程,将成为我们的经验、教训,防止我们再犯同样的错误。因此,以积极心态去看待挫败,正是回应讯息、指引我们改变的开始!

经典故事

著名影星史泰龙,小时候生活在十分恶劣的环境中,他的父亲是个赌鬼,输钱就会打他的母亲撒气,而他的母亲会把怨气转移到他的身上,他常常被打的青一块紫一块。在这样的环境下长大的他,变得不学无术,高中毕业后走向社会当了混混。20岁那一年,他才知道自己的环境太狭小了,有一群人和自己完全生活在两个世界。在他们的世界里,有很高的生活品质,他和他们完全没办法相比。为此,他哭着感叹世道不公,那一刻,他觉得自己现在的生活毫无意义。

从那天起,史泰龙告诉自己:"我一定要活出个人样儿来!我一定要成功!"就这样,他开始思索规划自己的人生:从政,可能性几乎为零;进大公司,自己没有学历文凭和经验;经商,自己穷光蛋一个,哪来的钱去经商呢?他想了很久,都没有发现一个适合自己的工作。后来,他突然想到演员这个职业,不需要资本,不需要名声,尽管当演员也需要一定的条件和天赋,但是他想明白了,自己的梦想就是要当一名演员!

确定了想法之后,几经周折来到了他梦寐以求的好莱坞,利用一切机会去接近明星、导演和制片人,希望他们能给自己一次当演员

第二章
重塑信念系统：将"不可能"变成"可能"

的机会。他四处哀求："给我一次机会吧，请相信我！我一定会做好的！"可他得来的只是一次次的拒绝。但他没有灰心，他对自己说："世上没有做不成的事！我一定要成功！"一晃两年过去了，他遭受到了1000多次的拒绝，身上的钱花光了，他为了生存，只好在好莱坞打着零工，干着一些粗重的体力活来养活自己。

受了无数次打击的史泰龙，大哭起来："难道我真的不适合当演员吗？难道酒赌世家的孩子只能是酒鬼、赌鬼吗？我不甘心！我一定要改变！一定要成功！"后来，他突然灵光一闪。"现在的我既然不能直接当个演员，那么换个方式行不行呢？"于是，史泰龙又开始重新规划自己的梦想道路，他开始用心写起剧本来。经过一年多时间的努力，他的剧本完成了！他拿着自己写好的剧本四处寻找导演，"这个剧本可以免费给您用，只是我有个请求，让我当男主角吧！""你的剧本不错，可是当男主角，根本不可能！"他又遭受了一次次的拒绝。"也许下一次就行，我一定能够成功！"一次次失望没有打败他，一个个希望在支持着他。

"我不知道你能否演好，但你的精神一次次地感动着我。我可以给你一次机会，但我要把你的剧本改成电视连续剧，同时，先只拍一集，让你当男主角，看看效果再说。如果效果不好，你便从此断绝这个念头！"在他遭遇1300多次拒绝后的一天，一个曾拒绝过他20多次的导演终于给了他一丝希望。

三年多的准备，终于可以一展身手，史泰龙丝毫不敢懈怠，全身心地投入。第一集电视连续剧创下了当时全美最高收视纪录——史泰龙成功了！

导师箴言

人的思想不同,导致关注点不同!在NLP领域中,每一次挫败,都是对人类各种实践活动的反馈!理论上说:是在告诉我们方法不当,亦或此路不通!对挫败点的认知,将决定我们未来的成果!打退堂鼓,还是另寻出路,将再次决定每个人的人生命运!

——NLP卓越商业导师 苏学锋

第二章
重塑信念系统：将"不可能"变成"可能"

10

五步破框法，助你破框而出

问题困惑

为什么别人在遇到问题时能及时找到正确的思路和方法，从而脱困而出，到了你的身上，却始终找不到突破点？

NLP总裁智慧系统解码

在生活中，每个人都会遇到困难和挫折。这是避无可避的事情，关键在于我们自己如何看待这些。有一部分人潇洒一笑，从容面对；也有一部分人觉得打击太大，而后一蹶不振。前者，值得赞许，后者，真的需要调整自己的信念，改变自己。

在NLP总裁智慧系统中，曾提到"五步破框法"。这种方法可以帮助我们尽快调整好自己的状态，不仅如此，还能够让我们在经历的过程中，找到切实有效的方法，让我们真正地从困难和挫折中走出，获得自信，从而走向未来更美好的人生！

所谓的"五步破框法"，分为五个步骤。

一、困境。我们此时状态为：我做不到。

二、改写。告诉自己：目前为止，我尚未做到。

三、因果。告诉自己：因为我过去不懂××，导致我目前尚未做到。

四、假设。我们要说：当我学会××，我便可以做到。

五、结果。我们要说：我要学会××，使我能够做到。

当我们按照这个步骤走完之后，就会发现一切困难与挫折都能够成功破解。

经典故事

单宏伟是一个长相俊俏、充满自信的小伙儿，在他十几岁的时候，他的妈妈将他送去韩国当舞蹈练习生，准备练好舞蹈后出道当明星。刚开始，他表现得动力十足。但是由于语言沟通有障碍，加上水土不服，他很快就开始排斥那个环境。

最初新鲜的舞蹈课程，也由于不停地纠正、练习，开始变得索然无味。和其他的练习生无法沟通，导致他慢慢封闭了自己。没过多久，他就开始经常收到舞蹈老师的批评，越是这样，他便越没有动力，几天后，他和其他练习生发生了口角争执，最后变成了拳脚相向。

毫无意外，他被开除了。回国之后，他再也没有以前的自信，甚至他觉得自己根本不是当明星的料。于是开始每天闷在家里，只知道打游戏，开始变得一蹶不振，家里人都对他束手无策。他的妈妈想开导开导他，也没有任何机会，只要家里人表现出关心他的姿态，他就满是防备。

第二章
重塑信念系统：将"不可能"变成"可能"

直到有一天，单宏伟的妈妈为他找来了一个导演，这个导演说要给他一次录综艺节目的机会，前提是：必须把舞蹈练好。这次谈话，让他看到了希望，于是他决定努力改写自己曾经被"淘汰"的命运。他开始有了明确的目的：练好舞蹈！他的妈妈给他陆续请来不同风格的舞蹈老师，对他进行指导。在老师们耐心的指导和帮助下，他进步得越来越快。

半年之后，他成功学会了不同种类的舞蹈，并且还能够融合在一起，跳出自己的风格。那个导演果然信守承诺，邀请他录制了网上很火的综艺节目。因为出色的表现和俊俏的长相，单宏伟一下子变得小有名气。

导师箴言

在经受打击的时候，每个人都需要一个调整期。关键是：我们在这个期间，决不能将自己打入绝望的状态之中，要尝试通过五步破框法来提醒自己、鞭策自己。通过尝试，我们就能重拾原来的自信心，与此同时，找到自己的发光点，找到自己的价值，找到属于自己的定位。

——NLP卓越商业导师 苏学锋

· 导师语录 ·

★不是你不想成功，不够努力，不想要，而是你下的决心不够大。

★当我一定要，我就一定行；我要的结果越大，付出的代价就越大！当我想要的信念足够坚定的时候，任何阻碍和挫折都是垫脚石！

★发生在生命中的任何事情都是对生命的回应。

★信念就像法律一样，只要有足够多的人为新的东西投票，再老的法律也可以被迅速改变。

★人往往不是输在能力，而是输在信念。

★改变一个人的信念、价值观、能力，可以通过语言引导。

★你今天认为是最好的，对别人而言有可能是垃圾。

★不是你付出的不够，是因为付出的方向不对。

★这世界上总有方法让你逾越困难的鸿沟。

★改变我们对某件事情的感受，从而改变其意义，当意义改变时，反应及行为也会随之改变。

★读万卷书，还要行万里路，更要阅人无数，找到名师点悟，遇到贵人相助，点悟别人开悟。

> 第三章
>
> **突破思维框架：**
> **你的智慧决定你的财富**

正所谓入框为"囚"，破框为"人"！你是想做思想的囚犯还是想做顶天立地的人？世界上任何一件事，都有能够解决它的办法，你说"不可能"，只是因为你暂时还没有找到合适的方法罢了。记住：你的思维框架有多大，就代表你未来的财富有多大！

——NLP卓越商业导师 苏学锋

第三章
突破思维框架：你的智慧决定你的财富

1
只有标新立异，才可独领风骚

❋ 问题困惑

在商场中，为什么有的产品不用大力宣传，销量就可以达到很高？而为什么有的产品卖力宣传，销量依旧上不去呢？

♟ NLP总裁智慧系统解码

无论社会怎样发展，科技怎样进步，在大浪淘沙的商品时代，想要成为大众的宠儿都必须满足一个基本条件：吸引大众的眼球。一件毫不起眼的珠宝，无论它拥有怎样价值连城的内在，都不见得会让多少人掏腰包，但如果能给它设计出一个独特的款式，那么，它就会变成一件炙手可热的抢手货。标新立异，永远是领先的成功之道。

现今的社会，各类产品层出不穷，同质化现象比较严重，想要真正抓住消费者的眼球，就必须做到"人无我有、人有我优、人有我特"。没有特点的大众化产品，是不会引起消费者的关注的！这就是为什么有的产品风靡全国，人们抢着消费买单，而有的产品只能长期放在展柜无人问津。

无论何时都要记住：只有标新立异才可以独领风骚，也只有那些能不断创新的人才可以不断获得成功。模仿与抄袭也许可以取得一点小小的成绩，但不能永久发达。当形势与环境发生变化时，唯有标新立异的人才可以从一个成功走向另一个成功。

经典故事

提及"奔驰"，爱车人士都知晓，但有些人可能不知晓的是：这世界上最早的一辆汽车就叫奔驰，那个时候创立奔驰公司的一共有两个人，他们分别是卡尔·本茨和哥特里普·戴姆勒，正是他们的不懈努力，才缔造了奔驰汽车。后来，到了埃沙德·路透管理公司的时候，意气风发的他决定颠覆以往创始人的做法，决定采取另一种竞争方式来稳固奔驰的地位。

为了让自己更好地投入到管理之中，路透决定自己先去车间和试验场亲身体验一番。他知道自己这步险棋的意义，若是成功，他将给奔驰公司带来至高无上的荣誉，要是失败的话，也一定会给奔驰公司带来巨大的损失。正因如此，他必须鼓起所有的士气走好这一步险棋。

在市场上永不被淘汰的王者，必然是适应任何角色变化的强者。路透和他所率领的公司也必须如此。在奔驰S600型高级轿车问世之前，路透便对手下的那些技术专家们说："最近，经过我无数次的思考，终于想出了一个十分优秀的汽车广告方案！这是专门为咱们的奔驰轿车所设计的！这则广告是：'当这种奔驰轿车行驶的时候，最大的噪音来自于车内的电子钟。'你们看怎么样？而且我已经想好了

第三章
突破思维框架：你的智慧决定你的财富

这种奔驰车的价格，它的定价为17万马克。"虽然在场的专家们都秒懂总裁的意思，可是这价格仍让他们吓了一跳：17万马克，可以买好多辆普通轿车！

通过不断地专研和努力，闻名世界的高级豪华型轿车奔驰S600终于成功问世，它成了奔驰轿车家族中最高级的车型，无论是内部的豪华装饰，还是外部的美观造型，无与伦比的质量令人叹为观止。很快，各国的政府首脑、王公贵族以及知名人士都竞相挑选奔驰S600作为自己的交通工具，因为拥有奔驰，不仅仅是财富的象征。如今的奔驰汽车公司，是世界商用汽车最大跨国制造企业之一，它以优质高价著称于世，历时百年而不衰。

导师箴言

在NLP总裁智慧系统中，有这样一句话：要想把企业做大，就要不按套路出牌！从上面的故事中，我们就可看出，当其他企业大多从降低成本、降低商品的价格来达到增强竞争力的时候，奔驰公司则逆其道而行，最终大获成功。这给人启示就是：办事不能按一般规则走，不能老实本分地机械地去办，出其不意才能制胜！

——NLP卓越商业导师 苏学锋

2
打破常规，做别人不敢做的

❋ 问题困惑

在现今竞争压力如此之大的情况下，我们到底是坚守传统的原则？还是开拓创新，为自己找寻新的出路？

♞ NLP总裁智慧系统解码

如今的社会，到处都充满了竞争，想要扎根于牢固的土壤之中，谋求更高的发展，创新就必须成为自身不可或缺的素质，若还像以往一样循规蹈矩，不肯推陈出新，只知道依循其他人的思路和模式，不肯拓展自己的思维，像老驴拉磨一样，只知道守在原地打转，最终只能溃败。

因为，一个人如果长期处于重复性活动，便会逐渐形成习惯性的思维方式和比较固定的行为规范，会造成思维障碍。相反，如果打破常规，大胆做事，灵活一些，独辟蹊径，想别人不敢想的，做别人不敢做的，才能获得更广阔的发展空间。

第三章
突破思维框架:你的智慧决定你的财富

也就是说,一个人如果能超越常规,反其道而行之,体现创新的策略,往往能取得成就。在历史上,推动社会进步的人往往是那些具有革新精神、敢于变通、打破常规、改造环境的人。有人觉得这样做很难,其实不难,创新并不神秘,反常而行就是创新。而所谓反其道而行之,就是打破常规,就是逆向思考,独辟蹊径。

经典故事

多年之前,埃尔科兹酒店由于太火爆,每天的客户都络绎不绝,这直接导致电梯装载量不够。为了尽快解决这件事,酒店立刻召集了一些专家和工程师讨论,怎么做才能顺利地解决眼前这个问题。经过长时间的探讨,大家的意见终于达成一致:在酒店里,多装一部电梯。

这个想法虽好,可如果真的要装电梯的话,就必须要从最底层开始建起,这就意味着每层楼都要进入施工,乱糟糟的声音以及各种施工要注意的事项,都会影响到来这里消费的客户。尽管考虑到了这些,却没什么有效解决问题的办法。正在工程师和建筑师们热议安装事宜的时候,一位正在拖地的清洁工人听他们说要给每个楼层打洞,于是就说:"你们如果真的这样做的话,就会乱成一团粥了,我们还怎么营业啊?"

"当然,我们也考虑过这样的问题,可这是不可避免的,我们会想办法处理好的,你就放心吧!"一个工程师说。另一个人说:"如果要考虑它的未来,而不至于影响营业的话,我们也只能这么做了,因为不多装一部电梯不行啊!"

清洁工人停下手中的工作,看着他们说:"你猜,如果让我来干的话，我会怎么做？"

一位建筑师立刻好奇地问道："怎么做？"

清洁工人笑着说道："我会把电梯安装在酒店的外面，要是这么做，那些问题不就没有了吗？你们觉得呢？"一句话说得建筑师和工程师们面面相觑。后来，他们真的把电梯装在了酒店的外面，这是建筑史上的第一次革命。

导师箴言

在做一件事情之前，较少去想应该怎样做，而是按照自己或者习惯性的方法直接行动了，这就是我们所说的常规。然而，很多事情，按照常规的思路是很难有结果的。踏着别人的脚步是永远也不能走出一条新路来的。一个有作为的人无不具有打破常规的创造性思维，化缺点为优点，化弊端为有利，化腐朽为神奇。他们总是想别人所没有想，做别人所未做的事，突破人们的常规思维，做出他人所不能做到的事。

——NLP卓越商业导师 苏学锋

第三章
突破思维框架：你的智慧决定你的财富

3 思想"换框"，切换角度去审视问题

问题困惑

每个人无论处在什么空间，都可称之为环境；一种思维无论处在什么领域，都可称之为框架。人可以通过行为转换环境，那么思维该如何进行"换框"呢？

NLP总裁智慧系统解码

NLP总裁智慧系统中，一直主张个人要有主见，充分发挥自己的才能与智慧，不受他人的影响，但是这所有的一切有一个十分重要的前提：不要固执己见，不要偏激看问题。不管做什么事情，脑袋里的辩证观点要存在。否则死守一隅，坐井观天，把自己的偏见当成真理至死不悟，无论是对自己还是对他人，都没有一点益处。

在NLP十八条前提假设中，有一条是这样的：在任何一个系统里，最灵活的部分便是最能影响大局的部分！灵活代表有一个以上的选择，而选择则代表了能力，因此，最灵活的人便是最有能力的人。想要远离偏激，达到思维"换框"的目的，就要换个角度审视问题。无论什么，人也好，事也罢，都要学会用发展的眼光去看待，跳跃时空角就会发现：以前错过，现在不一定错；以前对过，现在也不一定对。

要真正把握好思维"换框"的尺度，最好的方法是对症下药，通过学习开阔自己的视野，不断增长自己的见识，培养自身辩证思维的能力，如此一来，便能够更加灵活而全面地去面对一些问题，评价一些事物。此外，还要掌握正确的思想观点和思想方法，不放纵、迁就自己，说话做事多冷静思考，才能在关键时刻进行有效的思维"换框"。

经典故事

三十五岁的陈响通过自己的努力，已经成为了一家大公司的高级主管，近期他正面临一个两难的境地。一方面，他现在的职位是自己想要的，无论是薪水方面，还是舒适度，他都觉得很合适。可另一方面，他却很讨厌自己的上司，多年来的忍耐已经快要冲破极限了。左思右想，他还是决定放弃自己现在的职位，通过猎头重新找一个同等的职位，这并不难。

回到家中，陈响就把自己的决定告诉了妻子。他的妻子是一个心理学教师，今天正好教学生如何重新界定问题，也就是正在面对的问题换一个角度考虑，正在面对的问题完全颠倒过来看——不仅要跟你以往看问题的角度不同，也要和其他人看问题的角度不同。她把上课的内容讲给陈响听。听了妻子的话后，一个大胆的创意在他脑中浮现了。

第三章
突破思维框架：你的智慧决定你的财富

次日下午，陈响给猎头公司打去了电话，打电话的目的是请猎头公司替上司找工作。没过多久，上司就接到猎头公司打来的电话，以高薪邀请他去别的公司就职。虽然他完全不知道这是他下属和猎头公司共同努力的结果，但恰巧的是，他正好也想换一份新的工作，所以没有考虑多久，他就辞职去别的公司任职了。

这件事最美妙的地方，就在于上司接受了新的工作，结果上司目前的职位就空出来了。陈响申请了这个职位，于是他就坐上了上司之前的职位。

导师箴言

在面对问题时，不能只从问题的直观角度去思考，要不断发挥自己智慧的潜力，换个角度寻找解决问题的办法，就会使问题出现新的转折。调整自己的思想，实际上就是换一种思路。生活中的许多事情，当我们用旧的方法、旧的习惯行不通时，就要考虑换一种方法，换一种思路；说不定这一换，就换出了一条全新的阳光大道。

——NLP卓越商业导师 苏学锋

4
把眼界放宽些，拒绝好高骛远

问题困惑

为什么有的人很聪明，但是一辈子只能挣点小钱？为什么有的人看起来很愚钝，却总是能掌控机遇，挣大钱呢？

NLP总裁智慧系统解码

生活中，有些人心中总是怀有很大的理想，但是他们却不屑做眼前的小事。在别人眼中，他们只是一些高谈阔论却没有任何行动的庸碌之辈。长期以往，他们不仅做不出任何成就，而且曾经的雄心壮志还会成为他人的笑谈。除非他们改掉眼高手低、好高骛远的毛病，否则只能永远沉沦在幻想之中。

NLP总裁智慧系统认为，一个人的志向影响着他未来的走向和发展。因为，志向越高远，一个人的才华才能发展得越快，生活也才能更有质量。在这世上，任何一位成功人士都是靠着自己超前的判断力而取得成功的。任何一个人的成功都不光靠技术，

第三章
突破思维框架：你的智慧决定你的财富

而且还靠远见获得巨大的推动力。

当然，眼界的开阔也只是追求成功路上的一小部分，重要的是在于如何去做。若是好高骛远，脱离实际，不肯从眼前的小事做起，那么最终的结果也只能是失败。

思想+行为=结果！这也就是说：只有当你的思想和行为能够统一的时候，你想要的结果才会呈现在你的眼前。

经典故事

IBM是世界电脑市场知名品牌，它所拥有的资产加起来远比人们想象的要多得多，可能500亿美元不止。在计算机市场上，首先向IBM开炮的是雷明顿·兰德公司。1951年，兰德公司向美国统计局出售了第一台商用计算机，首次向IBM发起了挑战。

IBM公司董事局主席小沃森根本没想过谁有胆量和他们竞争，他立刻召开了上层会议，开始研究商业对策。公司决定要投入全部实力对付兰德公司。就这样，经过层层布局，从宣传攻势到网络专家，从占据技术领先优势到研究开发更新的产品，每一步都精心设计，巧妙安排；不仅如此，他们还密切注意兰德公司的动向，分析对手的每一个企图。最终，在小沃森的带领下，IBM大获全胜，而兰德公司在强敌面前溃不成军，最后只能选择退出。

结果这边刚刚熄火，那边又有人朝IBM开炮了。这一次，不只是一家电子计算机公司，而是一群电子计算机公司，它们联合起来形成了阵容庞大的盟军，向IBM密集射击炮弹，想一举摧毁IBM的阵地。在这场战争中，盟军耗去高达30亿美元的广告费。

面对盟军异常凶猛的攻势，IBM没有正面出击，以牙还牙。它采取了有效的防御策略——推陈出新，不断用自己更新、更优良的新产

品取代自己过去的产品，以最优质的产品争取到市场的主动权，那么敌人就会不攻自破。于是，IBM推出了这样的广告词：比IBM更优良、更便宜、更好。很快新产品XT型个人计算机上市了，它具有硬盘装置，能存储5000页资料，刚投入市场就引起了一片叫好声。

紧接着，拥有全新微处理器的AT型个人计算机面世了，在世界计算机市场一展雄姿，大放光芒。它的功能没有任何一家其他计算机公司敢与之抗衡。盟军阵脚大乱，无数的中小型计算机公司被迫关门或严重亏损。

导师箴言

站得高不容易，站得稳就更不容易了，需要有强于别人的长远目光。站在高处必须望得更远，才能有发展，否则就是停滞不前甚至后退，这种前进的动因首先就是目光远大。所以，今天的我们无论是奔走职场、行走商场还是为仕途而奔波，都要开拓自己的思想，让自己看得更深远一些，这样才能让自己立于不败之地。

——NLP卓越商业导师 苏学锋

5
"无"中生"有",才能出奇制胜

问题困惑

商海风云变幻莫测,为什么别人总是能有"肉"吃?而你却只能喝"汤"?有的时候甚至连"汤"都喝不到?这个问题你思考过吗?

NLP总裁智慧系统解码

在电影《致青春》中,女主角郑微有一次上课迟到,她对老师说:"李老师,我拉了两天肚子了,耽误您的一节课,真是不好意思。"老师让她入座,结果没过多久,一个男同学也迟到,拿出了同样的理由。这时候,老师就说:"同学,能不能拿出新的创意啊!凡是第一个用这个方法跟我说的同学,我还觉得他有点儿创意,后面再跟着他用这个方法的同学,我只能觉得他愚蠢。"

这件小事,其实就足以证明:任何事情,第一个去做的就是天才,因为他是开创者。第二个跟着做的就是没创意的庸才,到

了第三个、第四个……那就是蠢材了！但是，生活中总有这样一些人，即便排号到一千万，仍旧挤破头也改不了一窝蜂的本性。其实，只要你敢于突破，敢于创新，你就可以实现：无中生有！成为时代新风尚，新弄潮儿！

NLP总裁智慧系统中，提到过：**先知先觉是领袖，后知后觉是追随者，不知不觉是永远的消费者**。因此，想要收获成功，就应该懂得出奇制胜。刚才提到的"无中生有"，绝不是故意惹是生非，而是代表一种创造力，意思是将世上没有的东西创造出来。因此，它的意义是积极的、正面的。

经典故事

曾经有很多科技人员都思考过这样一个问题：如何能够不让洗衣机洗完后的衣服上面粘有小棉球？看似简单的问题，很长时间都没有办法解决。令所有人都没有想到的是：这个问题竟然被一位文化水平不太高的家庭妇女给解决了！

一次，这位家庭妇女在使用洗衣机后，发现洗好的衣服上粘满了小棉团，她没有埋怨、发牢骚，而是去探索解决问题的办法，当时的她一点思路都没有，于是就把这个问题搁置下来。

直到有一天，她突然想起年少时在山冈上捕捉蜻蜓的情景，并且把它与当前洗衣机需要解决的问题联系起来。她想，小网可以网住蜻蜓，在洗衣机中放一个小网是不是也可以网住小棉团之类的小杂物呢？

当时许多科技人员都认为，这个想法未免把科技问题想得太简单了。但这位家庭妇女没管这些，她利用空闲时间动手做起她所设想的小网来。

第三章
突破思维框架:你的智慧决定你的财富

三年的时间里,她做了一个又一个的小网,反复地研究试验,终于获得了满意的效果。小网挂在洗衣机内,由于洗衣机里的水使衣服和小网兜不停地转动,小棉团之类的杂物就会自然地被清除干净,这样的小网兜构造简单,使用方便,成本低廉,而且一个可以使用许多次,大受顾客的欢迎。而这名妇女也因这一创新的想法获得了一笔不小的专利费。

导师箴言

其实,只要你用的方法正确,"无中生有"就能够助你成功。创意,要求你独具匠心地"悟",别出心裁地"悟",独树一帜地"悟",推陈出新地"悟"。"悟"出超越自己、超越他人的东西,"悟"出自己没有,他人也没有的东西。

——NLP卓越商业导师 苏学锋

6
草船借箭,要的就是一股东风

❋ 问题困惑

千里马,还需要有伯乐来识,才能发挥自己真正的价值。而你一直没有出色的表现,是不是就是因为生命中,欠缺那一股助你飞腾而上的东风?

♟ NLP总裁智慧系统解码

在如今的商品化时代,多少商家为了自己能够变得人尽皆知,于是花出巨额的广告费为自己做宣传,为自己造势。不管这广告是否真的能起到促销的作用,反正这朗朗上口的广告词,消费者早已经耳熟能详,在他们心里已经对产品有了一定的印象,这就是咱们常说的:品牌优势。

消费者对一个产品熟知的程度越高,对它的竞品而言的压力就越大,而它就能站到一个有利的位置。产品即是如此,人其实也一样。一个人如果想让自己出人头地,那么就应该具备自我宣

第三章
突破思维框架：你的智慧决定你的财富

传的能力。

当机会来到自己身边的时候，一定要及时抓住；当机会没来到身边的时候，要懂得为自己争取机会、创造机会。很多时候，机会不是等来的，而是靠自己的努力和奋斗创造出来的！所以，在生活中我们要学会宣传自己，主动一点，这样才能抓住机遇，成功的几率也就会大得多。

♟ 经典故事

曾经有一位十分穷困潦倒的阿拉伯人，那时的他身无分文，为了能让自己脱离贫困，他很聪明地使用了巧借显贵这种手段，广求于天下。这种做法不但帮助他认识了许许多多的名人，而且还为自己求来了百万家财。

艾布杜，这就是那个阿拉伯人的名字。他原来只不过是一个连自己温饱问题都解决不了的临时工，看看现在，他已经拥有400万美元银行存款，成了一位生活奢侈、出手阔绰的大亨。也许，你可能会想：他一定是发现了什么商机，然后拼搏努力才有了今天。这样想的话，你就错了，他的所有财富都不是靠经商得来的，而是靠几本签名簿。很难想象，几本签名簿就让他摇身一变而成为一个大财主。

说起来，他能够致富完全是因为自身灵活的脑子。在他那几本签名簿里，贴有许多世界名人的照片，再模仿名人的亲笔字，签写在照片底下。艾布杜便带着这几本签名簿，登门造访工商巨子和好出名的富翁。

他每次见到那些富豪，就会说下面这段话。"我是因仰慕您而千里迢迢从沙漠地阿拉伯前来拜访您的，请您贴一张照片在这本《世界名人录》上，再请您签上大名，我们会加上简介，等它出版后，我会立即寄赠一册……"

那些被他拜访的富豪，只要看到签名簿里的照片和签名是当代世界的名人，就会觉得激动不已，当然，有些人还是他们心中的偶像。人都是好出名的，有钱人更是如此，因此，当艾布杜让他们签下自己的姓名，并提供照片时，他们很大方地照做了。又由于他们这些人十分有钱，还喜欢摆阔，一想到自己能跟世界名人排名在一起，便感到无限风光。这样一来，他们就会毫不吝惜付给艾布杜一笔为数可观的金钱。

其实，那小小的签名簿的出版成本只有一两美元而已。但是那些富人所给的报酬，却超过上千美金。艾布杜用了整整6年时间，一共去了96个国家，在这其中，提供给他照片与签名的共有2万多人。那些人，给他的酬劳最多的竟然有2万美元，最少的也给了50美元，这样算起来，他的收入总计大约500万美元。

导师箴言

在某些特殊的时期，利用一些外在的势力，适时地宣传自己，是闯出成功的关键。从某种意义上来说，成功意味着挺立于众人之上。个人的力量是有限的，在某些因素的限制下，可能会欲成不能，但是运用别人的力量就会不一样了。雷军做小米手机能腾飞而起，就是借了移动互联网这股东风。

——NLP卓越商业导师 苏学锋

第三章
突破思维框架：你的智慧决定你的财富

7
没有做不到的事，只有想不到的人

❀ 问题困惑

当遇到问题的时候，很多人通常只会按照已知的方法去解决，当问题无法解决的时候，就颓然放弃，不知所措。我们很多人一遇到问题就说"没有办法"，是否真是如此呢？

♟ NLP总裁智慧系统解码

苏轼说："古之立大事者，不惟有超世之才，亦必有坚忍不拔之志。"这句话清楚地告诉我们：世界上没有做不到的事情！**在NLP十八条前提假设中，曾提到：没有办法，只是说已知的办法行不通**。因此，很多人口中的"做不到"，其实就是没有找到适合的方法。只要能想到解决事情的方法，并且下定决心去做，那么我们就一定可以做到。因为命运掌握在自己的手中，唯有相信自己，才能实现超越！

我们做的每一件事，达成的每一种进步，其实都和思想的改变有关。当我们离开了思维，就什么事情都无法完成了。"思维"这样神奇的力量放在我们的身上，就是为了创造更多新鲜的事物。既然如此，我们就该积极开发自己的大脑。什么东西都是越用越顺的，脑子当然也不例外！每一次我们运用自己的思维去解决问题，都是不断地更新自己的大脑！

其实人和人之间，根本上并没有什么大差距！谁也不比谁聪明多少、幸运多少！最终造成差距的原因在于：谁想的事情多，想的事情深，想的事情对。因此，我们在生活中一定要多去思考，遇到问题时，更要勤于思考，对于一些别人解决不了的问题，我们可以换个思路去解决；对于别人想不到的事情，我们要努力想到并实现。

 经典故事

"鲁班"这个名字，我们都很熟知。他是我国建筑业的鼻祖，因为在他那个年代，通过自己的思考与专研，发明了很多方便实用的工具，其中之一就有我们现今仍旧沿用的锯子。

作为一名勤劳的工匠，鲁班几乎每天都要去山上找寻木材。在上山的途中，有工人用斧头不断砍着大树，不一会儿便大汗淋漓。觉得他们太辛苦了！这个时候，他的脑海中忽然浮现这样的想法：要是能有什么东西代替斧头就好了，他们就不用这么累了。

一次，鲁班和往常一样上山，在爬一段比较陡峭的山路时，他不小心滑了一下。情急之下，他立刻抓住了路边的一丛茅草，可是他的手指忽然间被划破了，鲜血瞬间渗了出来。他赶忙低下头去看那划伤他的茅草，发现茅草边上竟有一排细细的利齿。这时候，他的脑袋中想起了几天前曾想过的问题。他想，这么细小的茅草都能将皮肉划

第三章
突破思维框架：你的智慧决定你的财富

破，那么应该也有东西能将树木轻易砍倒。

想到此，他忽然来了兴致，于是忘记了手指的疼痛，抓起一把茅草仔细看了起来。不仅如此，他再一次将茅草的利齿划向自己的手背，果然，一道伤口呈现了出来。这时候，他若有所思地站了起来，看着茅草，他想：要是我找铁匠打制一些边上有细齿的铁条，放在树上来回拉动，会不会比斧头方便多了？

既然想到了，就要去实施，根据自己的这一想法，鲁班最终制成了世界上第一根锯条。经过试用，果然比斧头省事多了，而且再也不用费那么大力气了。直到现在，木工们仍在用着鲁班发明的锯子。

📖 导师箴言

人与人最大的不同，并不在于客观世界给予的东西，而是在于思维方式的不同。在生活中，一个善于思考的人，无论什么方面都会走在别人的前面。那些我们眼中的成功人士，都是善于思考的人，如果他停止去思考，他的成功也绝不会久远。做一个经常去思考的人，才能发现隐藏在身边的各种机会，才能从绝望中看到希望，从而创造出一片广阔的天地。

——NLP卓越商业导师　苏学锋

8
打乱时间线，"无本生意"也能风生水起

问题困惑

在面对创业的问题时，很多人都打退堂鼓，他们常有的借口是：没钱拿什么去创业呢？那么，如何才能解决没钱也能创业的问题？按照常规方法去借贷吗？还是有别的方式？

NLP总裁智慧系统解码

"如果把我所有财产都抢走，并将我扔到沙漠上，只要有一支驼队经过，我很快就会富起来。"这是美国超级资本家洛克菲勒曾说过的一句话。他的话，恐怕也是世上多数富翁的真实心声。因为大部分富翁都是最会用头脑里的智慧赚钱的，你就是把他变成穷光蛋，他很快又是富翁，因为他失去了资金，失去了企业，但他还有智慧，照样能打个漂亮的翻身仗！

现今时代，有很多人选择用体力赚钱，还有很多人选择用技术赚钱，但是却很少人用知识赚钱，极少人用智慧赚钱。由此可

第三章
突破思维框架：你的智慧决定你的财富

见，真正有大智慧的人实在是太少太少，有智慧又能抓住商机的人更是凤毛麟角。其实，只要我们开动脑筋，发挥智慧，即便没钱也能做成大生意。

大家常说：钱能生钱，这是人所共知的事实。但却没人想过：没钱可以做生意吗？答案是可以！只要我们打乱时间线，把未来能赚到的钱拿到现在来用，即使没有资金，我们也照样能够做成"无本生意"，而这一切的关键就在于我们自己是否有一颗聪慧的脑袋。

♟ 经典故事

唐拉德·希尔顿是一位非常出色的实干家，他通过自己聪慧的头脑，在旅店行业叱咤风云，是世界上鼎鼎有名的旅店大王。在成功之路上有许多令人难忘的趣事，其中建造希尔顿大饭店最富有戏剧性。

最开始的时候，希尔顿只是不断地去收购自己身边的旅店，在获得一定的利润之后，就不满足于现状了。当他有了10万美元的时候，一个梦想在他的心中萌芽：建造一座属于他自己的一家大饭店——希尔顿大饭店！可是要想建成他理想中的饭店，需要集资100万美元才行。1924年，他在达拉斯商业区看到一块地皮，顿时愉悦不已，这正是建造希尔顿大饭店的好位置！可是他没有足够的钱，他询问了一下当地人，得知这个地方属于经营房地产而发了财的劳得米克。

怎么办呢？希尔顿思索很久，最后他决定实施一个大胆的计划，于是赶紧动身去找劳得米克。见到劳得米克之后，他说："我想买你的地皮，要建一座旅馆。但是我手中的钱并不够，所以我并不想买下你的地皮，只想把他租下来。"听完希尔顿的话，劳得米克勃然

大怒，原来这小子压根没想要买他的地。

这个时候，希尔顿赶忙说："我希望租期能够为99年，我每年分期付款，你看怎样？你保留土地所有权，若我不能按期付款，你可以随时收回土地。"说这句话的时候，希尔顿还偷偷看了看劳得米克的反应，并继续说道，"而且，你可以同时收回饭店。"听完这句话，劳得米克也想了想，觉得这不但不是一件赔本买卖，还能够让自己大赚一笔，于是表示同意，并定了每年3.1万美元的租金。

确定了劳得米克的想法后，希尔顿又赶忙说道："但是，你要给我将这块地产作抵押来贷款的权利，我想你应该明白，要是大厦还是建不起来，我是没办法盈利，也没办法付你租金的。"本来劳得米克是不同意的，但是想想这是一块嘴边的肥肉，于是极不情愿地接受了这个要求。

希尔顿酒店顺利地动工了。可没想到，还未建到一半，希尔顿的钱就花完了。尽管有几个朋友愿意掏钱来支持他，可是面对巨额的建筑经费，还是杯水车薪。最后希尔顿决定铤而走险，再次在劳得米克身上打主意。他找到劳得米克，直白地讲："我没钱了，眼看工程就要被搁下，现在唯一的办法就是你把工程接上，使它完工，然后再租给我来经营。"

这话瞬间就把劳得米克激怒了。他用手指着希尔顿怒吼着："你就是个无赖！就是个骗子！"希尔顿露出无可奈何的神情。但最后思来想去，他只能答应了希尔顿的要求。就这样劳得米克无奈地补足所欠的工程款，没过半年，希尔顿大饭店顺利完工了。

1925年8月4日，"达拉斯希尔顿"大饭店落成，这简直是一个不可思议的奇迹！它就像明珠一般吸引着周围的人。希尔顿辉煌的时代就这样开始了。随后几年，希尔顿挣了很多的钱，一系列的"希尔

第三章
突破思维框架：你的智慧决定你的财富

"顿"旅馆也开始出现在美国的各个城市中。后来，他组织了希尔顿旅馆公司，事业如日中天。

导师箴言

在现今的生活中，白手起家早就不再神奇，更不需要我们辛辛苦苦花半辈子时间去打拼！只要我们有一颗聪慧的脑袋，有一个具有价值的创意，那么钱财就会滚滚而来。这并不代表你自身有什么天大的本事，而是你思想的创造力为你赢来了一个难得的机会，这种机会一旦被发掘，就会让你得到风投，获得创业所需的种种帮助。

——NLP卓越商业导师 苏学锋

9
抓准需求，才能攻破消费者心理防线

❋ 问题困惑

为什么同样两个推销员，一个在推销自己产品的时候，说得天花乱坠，却未能成交？而另一个在推销产品时寥寥数语，就能成功搞定客户呢？

♞ NLP总裁智慧系统解码

其实，商品社会就是一个"你卖我买"的大市场，只有交易双方的所得与付出都彼此满意，才能谈成合作、共同发展。所以，我们一定要有"将欲取之，必先予之"的心理，从消费者自身需求考虑，先给消费者想要的好处，然后等到消费者满意之后再回报于自己。

从突破对方的心理入手，找到消费者的需求点，无论是物质方面，还是精神方面，我们都要努力满足他们的这种需求，这样才能够在市场的激烈角逐中取得非凡的成绩。一个公司是这样，

第三章
突破思维框架：你的智慧决定你的财富

一个人也是这样。一个有成就的人要想在竞争中立于不败之地，势必着眼于人们的心理需求，根据人们的需要不断推陈出新，以此来开创自己的天地。

由此可见，想要在商场上站得住脚，找准消费者需求是我们要做好的第一步。如果一直不开窍，而盲目地自编自导自演自己心目中的那场"商业剧"，那么消费者是不会买单的，而最终亏的也只能是我们自己。

经典故事

20世纪60年代，以生产化妆品闻名于世的罗杰公司，终于在不懈的努力下敲开了被称之为化妆品之都的法国巴黎的消费大门，但要使自己的产品能在巴黎站住脚并得以认可却绝非易事。

当时的法国化妆品市场已经被各国的知名公司和法国本国的产品塞得无缝可钻，对于罗杰公司的产品如何在这激烈的竞争中打开销路，公关和推销部做了仔细的分析，决定推陈出新，改变传统的推销方式，以一种全新的销售理念做切入点，打开局面，展开攻势。

按当时传统的推销方式，高级化妆品都是采用直销的方式上门促销的。但罗杰公司用当时并不流行的邮寄方式给用户送去试用品和回执卡，当用户觉得试用效果好时，就可以填写回执卡，寄费邮购了。

大家都知道，法国的化妆品在世界上是享有盛名的，到化妆品之都去竞争市场，无异于虎口拔牙，挑战的难度之大是可想而知的。但罗杰公司却明知山有虎，偏向虎山行。他们认为，越是挑战难度的地方越有值得挖掘的潜力和市场。

就是这种别具风格的挑战魄力和竞争意识，加之独特的促销手法和创新理念，使得罗杰公司不仅能在虎口拔出牙来，而且在不断创新

的过程中，使其化妆品市场不断向外扩张和伸延。那么，他们除了以邮寄的方式推销外，还开发了哪些新的销售方法呢？

我们还是从罗杰公司的回执卡说起。罗杰公司寄出的回执卡并不是简单的标明商品数量和金额的多少，用户喜欢什么颜色、喜欢什么花及其生日档案、星座记录等有关个人的资料都请用户填写在回执卡上，回执卡寄回后，公司的专职人员将每个用户的个人资料全部登记建档。

在他们每次给用户寄订购的产品时，都根据档案上的信息准时地附寄一些小礼物，花费并不大，但当用户收到所订产品的同时，还能意外地收到一份小礼品。试想，这些客户还会有别的选择吗？

用户不管是否订购了产品，每逢生日都会准时收到罗杰公司的生日礼物，可以推测，客户可能在无意间都成了罗杰公司的义务推销员。

▍导师箴言

想要在商场中占有一席之地，就要搞懂自己是在为谁服务，这种服务怎么做才能令人满意。而不是想自己做出什么东西能让消费者喜欢，这样就"本末倒置"了。消费者不会为你的想法而买单，但绝对会为了自己的想法而买单。因此，聪明的老板，一开始就要问清楚客户要什么，然后自己去做就好了。商业时代，大门为消费者而开，满足他们的心理需求，才能有所收获。

——NLP卓越商业导师 苏学锋

第三章
突破思维框架：你的智慧决定你的财富

10
脑袋转一转：化危机为转机

问题困惑

现实生活中，很多人会陷入困境，但是处理问题时，却总是大脑一片空白。导致自己不仅无法自救，反而越陷越深。你也有这样的情况吗？你是怎么解决的？

NLP总裁智慧系统解码

生活中，太多的人在面临危机时，总是会手足无措，情急之下做出错误的判断，以及产生对自身不利的行为。当然，很多企业也是如此。在如今，社会竞争如此激烈，每一家在商海中奋战的企业，都不可避免要面临各种各样的危机。

平日里，除了要树立危机意识，更重要的是，企业自身要具备处理危机的能力。这样才能保证自己平安度过一次又一次的沟坎，走向更高的台阶。想要化危机为转机，首先要具备变通的思想。NLP十八条前提假设中，曾提到：凡事都有三个以上的解决方法。所谓"危机",就是有"危"有"机",千万不要把眼光盯在"危"字上,而要把目光放在"机"字上。这样,才能花心思去寻找解决问题的方法。

要知道,这世上根本没有哪家保险公司能为你事业的成功提供保险,也不会有谁能为自己的幸福而提供保障。其实,我们生活的每一天,都处在一个摸着石头过河的境况中,危机难以避免。所以,如果我们有了化危机为转机的能力和方法,相信未来的路"即便有惊也会无险",难道不是吗?

现实案例

有一个澳大利亚中年妇女,她已经和自己的丈夫吵了很久,最终达到起诉离婚的地步!到了开庭那一天,她一边哭着一边对法官说道:"想当初,我20岁就嫁给他了,那个时候,他对我百般呵护,并且对我发誓说,再也不和那个鬼东西来往了。没想到的是,结婚不到一周,他就瞒着我偷偷去运动场幽会去了。我和他沟通很多次,可是他听不进去,现在已经忍了20余年,他也50多岁了,可是还是对那个鬼东西痴迷不已。近些日子更是变本加厉,无论白天黑夜,他去幽会的时间变得越来越多,我不管怎么说,他就是不听,说什么都要去运动场与那'第三者'见面。"

法官听后,十分为之动容,于是问她:"那个第三者是谁?"她气愤但却直爽地说:"'第三者'就是臭名远扬、家喻户晓的足球。"此话一出,在场的评审团都笑了,连法官都觉得她的控词啼笑皆非,所以只能劝道:"夫人,这个足球它不是人,你这样是没有办法起诉的,你只能控告生产足球的厂家。"

令大家都没想到的是,这位中年妇女还真的向法庭控告一年生

第三章
突破思维框架：你的智慧决定你的财富

产足球20万只的宇宙足球厂。更令人没想到的是：宇宙足球厂就这样"认栽"了，二话不说就赔偿她孤独费10万英镑，让周围人都大跌眼镜。就这样，这位太太在法庭上大获全胜！

为什么会是这样的结局呢？这本来是一次危机事件，但是宇宙足球厂老板脑袋一转，觉得它是一次机会，于是"处变不惊、闻过则喜、应变有术"。这下可好，通过新闻媒介大肆宣传，他实现了自己想要的效果。他对记者说："这位太太与其丈夫闹离婚，正说明我厂生产的足球魅力所在。而且，她的控词为我厂做了一次绝妙的广告。"宇宙足球厂产品销量因此剧增，压倒同行大获其利。

导师箴言

虽然宇宙足球厂承受了莫须有的罪名，赔偿了那位中年妇女10万英镑，但是换一个角度去看，它却为自身赢得了良好的公众效应，打响了自身品牌，从而获得了更大的收益。因此，我们从中可以看到，在突发事件来临时，应保持镇定的姿态，周密权衡利害得失，拿出相应的方案和措施，这才可能最大限度地减少损失，甚至变害为利。

——NLP卓越商业导师 苏学锋

·导师语录·

★ 先知先觉是领袖，后知后觉是追随者，不知不觉是一辈子的消费者。

★ 社会上最好的机会就是"变"，变在别人前面就是第一名。

★ 你太辛苦就不会赚到大钱，辛苦不等于赚钱，方法不对努力白费。

★ 我遇到事情不能处理，是因为我已经知道的方法行不通而已，这个世界上至少有三个以上的方法可以解决问题。

★ 简单，是因为你会；困难，是因为你不会。难者不会会者不难。

★ 无边界思维：用未来的资源换取未来的财富，已知的资源是有限的，未知的资源是无限的。

★ 离开框架就进入另外一个框架，大多数人站在自己的框架（角度）去处理问题。

★ 不一定要自己修路，只要交过路费，路就为我所用。

★ 如果能让顾客立刻做决定，就让对方立刻做决定，在成交之前顾客还不一定是谁的。首先自己要成为一个可以立刻做决定的人，才能让对方做决定。

★ 商业的核心价值就是价值交换；成交的最快方法就是物超所值的交换。

第四章

锁住三套软件：
解放身心，让员工自动自发

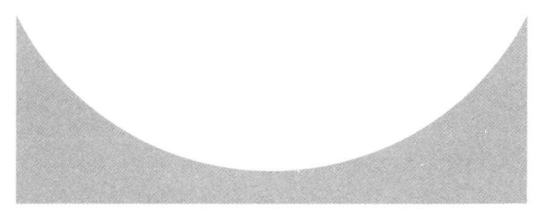

人的潜意识有三套软件，它们分别是：信念、价值观以及能力。这三套软件支配并操控着我们的一生。正因如此，老板只要把握住员工的三套软件，便可以让他们自动自发地为自己服务，为企业的发展贡献自己的力量。

——NLP卓越商业导师 苏学锋

第四章

锁住三套软件：解放身心，让员工自动自发

1

"赞美"员工不用花钱，有机会就要多说

❋ 问题困惑

为什么有的时候，你的员工尽管拿着高薪，但是他的工作积极性却不高？物质奖励到位了，你的精神奖励是否也做到位了？如何依靠精神奖励增加员工动力呢？

♟ NLP总裁智慧系统解码

在企业管理中，老板若是想充分发掘人才的潜能，那么就要学会时常赞美手下员工。那些别人眼中的人才，为什么在你这里就表现平平？其实不是人家没真本事，不能"飞"上天受到万众瞩目，而是周围没有人鼓励他、关心他、赞美他。假如他得到了老板的赞美，激发了内心的潜力，对于自身是一种能力的升华；对于企业是一种无形的贡献，对于老板而言，也是一种管理的成功。

在NLP总裁智慧系统中，提到过：你鼓励什么，即将得到什么！这充分证明人都喜欢鼓励和赞美。员工自然也不例外。有句话说得好："十句好话能成事，一句坏话事不成。"试问：谁不愿意听赞美自己的话呢？求得肯定，求得表扬，这是人们的共同心理。恰如其分地适当肯定，会让别人精神愉悦，赢得他们的信任和好感，使员工有使命感，最能起到激励人的作用。由此可见，时常适当巧妙赞美一下员工，也是很有必要的，懂得赞美技巧才是一个成功的领导者，一个高效的激励者。

中国人往往不习惯赞美别人，总是把对别人的赞美埋在心底，总是通过批评别人来"帮助别人成长"。其实这个想法是错误的，赞美比批评带给别人的进步要大。因为肯定、赞扬对方，能够制造友好的气氛，可以使对方情绪安稳、平静下来，受到鼓励；所以不妨使用赞美来激励员工，使员工高高兴兴上班，勤勤奋奋工作。

经典故事

李娜是集团公司的总监，前不久，她的公司接了数量巨大的电脑订单，若是能够顺利完成，将为公司创造丰厚的利润。此外，还能够继续合作，接到更多的订单，因此李娜十分重视。刚开始，一切都十分顺利，但是快要完工的时候，旗下的子公司却发信息给李娜："由于技术性的原因而无法按期交货，只有往后推一个月才可以。"

突然推迟交货，急坏了李娜以及集团总部的所有人，因为他们知道，现在再找外面的公司已经不可能按时完成订单任务了，只有让子公司按时送货才能完成。于是李娜和子公司的经理多次在长途电话中争论，但仍然没有任何结果。为此，李娜自己前往旗下的子公司，希望得到一个很好的解决办法。

第四章
锁住三套软件：解放身心，让员工自动自发

很快，李娜赶到了子公司的所在地。见到子公司负责此次订单的经理的时候，李娜并没有和他争论这次订货的问题，而是对经理说："你知道吗？在这里，有鲜文姓氏的好像只有你一个。我在下飞机以后，我随便问了一个人，他就告诉我你们公司所在的地点了。"

"哦，是这样吗？我都不怎么注意。不过，我们的姓氏确实是一个不平常的姓。我们家族已经搬到这儿上百年了，当年我的祖父带着一家三口人到了这儿，并且通过他的努力，创下了这家公司，我为我的祖父而感到骄傲。对了，你愿意看看我的工厂车间吗？"经理说。

"非常乐意。"李娜回答说。接着，经理就陪着李娜前往车间，接下来的一下午时间，李娜和经理观看了整个电脑生产的所有厂房，这期间，李娜时不时地对经理给予欣赏和赞美，赞美经理的祖父、父亲和经理自己。后来，经理请李娜去饭店吃饭，并且对李娜说："我知道你来的目的，但是我没有想到我们的相会竟是如此地愉快，你放心吧，我想办法一定会按时交货的。虽然有技术性困难，但我愿意带着大家花时间攻克！"

愉快结束这次的协商之后，李娜赶回了集团公司。几天后，他们收到了子公司发来的所有货物，据说是子公司员工加班加点努力完成的。集团公司顺利完成了他们所接下的订单，挣了一大笔钱。李娜的成功完全是通过她的赞美和欣赏而得到的，如果她也像那些脾气火爆的人一样，一见到经理就大闹，结果如何我们可想而知。

导师箴言

赞扬之于人心，如阳光之于万物。员工经常听到真诚的赞美，就会感到自身的价值获得了老板的肯定，有助于增强自尊心、自信心。而这份自尊心、自信心就会转化为积极向上的动力，持续地为公司的发展创造价值。"赞美不蚀本，舌头打个滚。"要抓住员工的心，适当的赞美是一件轻巧实用的"武器"，又用不着你掏腰包，何乐而不为呢？

——NLP卓越商业导师 苏学锋

第四章

锁住三套软件：解放身心，让员工自动自发

2

给个"头衔"：责任加身，必不辱使命

❂ 问题困惑

为什么你手下的员工，在遇到问题的时候，都喜欢逃避责任？怎样改变这一现状，将被动变为主动，让员工真正动起来，为企业发展而效力？

♟ NLP总裁智慧系统解码

在企业中，很多员工都喜欢做一个被动者。他们常说的话就是：老板让我干什么，我就干什么。看似听话照做，其实，反过来想，是不是老板如果不分配任务，就什么都不做了呢？这样的人，大多数责任心很薄弱。

这样说，并不代表这样的人很差劲，因为每个人的身体基因里都带有"偷懒"的成分。对于麻烦的事情或是威胁到自己利益的事情，都是避而远之的。**在NLP十八条假设中，提到过：每一个人的行为，对他的潜意识来说，都是当时环境里最符合自己利**

益的做法。因此，员工不想承担责任，也有一定的道理。

这个时候，老板想要真正驱动员工为自己服务、或者说是敢于承担责任，那么不妨利用一下根植于一个人内心深处的荣誉感吧！每个人都想被重视，而在公司中，被重视最直接方式就是一个人的职称和头衔。这是每个员工追求和向往的东西。因此，老板想让谁为自己服务，就在适当时候给其一个"头衔"，让这块糖甜到他的心里，从而激励他更加努力地工作，并赢得他的长久忠心。

经典故事

2012年，孙翔在大学毕业后，被亲戚推荐到河北某灯饰公司工作。刚进公司没多久，由于他表现极为出色，上级领导于是叫他来谈话，并且提到了要派他去西南地区。孙翔当时心里是有些害怕的，因为那里不仅离家太远，而且他也不太喜欢那个地方。为了鼓励他，上级领导递给他一张名片，上面写着"西南大区经理孙翔"。刚一毕业就能当上大区经理，他二话没说，次日就背着背包，身揣1200元，来到成都。

到了成都，孙翔就给领导打电话，询问公司西南片区的办公地址，在得到答复后，他就匆匆赶了过去。换了一个地方，一切自然要重新开始。孙翔说，到了一个人生地不熟的城市，他只能先自掏腰包租房子，安顿好后，他又在西南各市州跑业务。经过几年的努力，西南的市场终于打开了，每年给公司带来200万元的业务。

努力终有回报，在业务不断增长的同时，他的工资也一点点涨了起来。这是最让他感到开心的。每次公司发了工资，他都要寄一部分给家里。当初，他的起步工资才2000～3000元，而现在他的工

第四章
锁住三套软件：解放身心，让员工自动自发

资却翻了十倍以上，其他的奖金还不算。某年年初，老板将他升职为销售总监。

公司在不断壮大的同时，有记者上门采访。在询问孙翔小小年纪为什么那么敢拼敢闯的时候，孙翔给记者递了一张名片，上面只写"西南大区经理孙翔"。"当初，我是收到这个名片之后才鼓起勇气来这边的。觉得自己刚毕业就担任经理，责任重大啊！"孙翔笑着说。看来，这头衔的确起了很大的作用。

导师箴言

虽然在一定程度上来讲，"头衔"不过是个有名无实的东西，但千万不要小看这个名词，"头衔"对于员工来说，可以给他们带来很大的动力，也代表着他们身上肩负的责任，因此"头衔"在工作中产生的作用是不可小视的。老板如果能够合理运用，势必可以让手下员工为自己创造更大的价值。

——NLP卓越商业导师 苏学锋

3

不要吝啬奖励：红包之下，必有勇夫

❀ 问题困惑

在必要的时候给员工一些或大或小的奖励，是鼓舞员工士气的一个好的办法。人们都说"红包之下，必有勇夫"，你做到了吗？

♟ NLP总裁智慧系统解码

领导在对员工进行奖励的时候，要分轻重。比如有些员工做出了突出的贡献，那么重重有赏是应该的，但在日常工作中，不妨多给员工塞点红包。老板给员工塞红包也是个技术活，红包包什么，红包怎样给，都需要方法，这样红包才能起到积极的激励作用。

包红包可以包一些现金，当然，也可以根据员工的需要送一些实质性的东西上。比如谈恋爱的员工可以包几张电影票；喜欢运动的员工可以包一张时尚健身卡；刚当爸爸的员工可以包一张婴儿摄影电影券等等。红包不限于赤裸裸的现金奖励，它带有一

第四章
锁住三套软件：解放身心，让员工自动自发

定的人情味，可以给员工的心带来温暖，激励员工更好地工作。

因此，包红包是灵活多样的，并不用死搬硬套，可以是定时的，也可以是临时的，每周、每月、季度等都可以用暗地里奖红包的方式，但它们却有个共同点，那就是它们都是有利于公司发展的。暗地里送一个红包，不仅不会引起其他员工的不满，而且它对受奖人产生良性刺激。行之有效地发红包，是激发工作热情，鼓励员工拼命工作的一种不错的激励手段。它向员工表示，表现得好，就会得到红包。自己的工作表现在老板的心里是非常清楚的，进而会更加努力。

经典故事

张岚作为一家IT公司的女老板，起初一个人又当策划又当销售，经过努力手下已经有30多名员工了，公司经营范围涉及软件、广告、策划等多个项目。在社会中摸爬滚打惯了的张岚做事与众不同，"笼络"员工的手法也特别具有"技术含量"。办公桌的抽屉里，张岚随时都放着一些红包。红包里的东西，有鲜红色的人民币，也有五花八门的各种票据：自助餐券、话费充值卡、超市购物卡、电影票等。在张岚眼中，这些薄薄的小卡片可都是一块块敲门砖——用来敲开员工心扉的敲门砖。

有了这些小小的卡片，每隔几天，张岚就会借机找一个"幸运员工"到自己的办公室进行恳谈。一开始她会让对方谈谈工作近况，然后要求对方最好能对工作提些个人改进建议。当然，话题与形式都很轻松，员工并不会觉得有压力。张岚通常是选择接近下班的时间，谈话过程也不会超过15分钟。谈话结束后，她会拿出一个小红包递给面前的员工，并笑着说："这是给你的小小奖励！继续

努力工作喔！"

当然，那些对于公司有特殊贡献的员工，张岚从来不吝啬奖赏，每一次红包的奖金都能达到一万元，这让所有员工都充满动力！在日常工作中，张岚不仅照顾了员工的个人情绪，还会通过这些小红包连他们的家人一同照顾到，真可谓皆大欢喜。当然，聪明的张岚，可不会只奖励优秀的员工，她也会用此招来鼓励落后分子。谁能确定落后员工受到激励后，不会"痛改前非"呢？

导师箴言

如果你的员工具有良好的表现，并且给公司带来收益、为公司作出贡献，那么你作为一家公司的领导者，一定要不失时机地偷偷塞给他们一个红包。这样做，可以让员工感觉到自己的努力没有白费，多流出一滴汗水就会多一分收获，从而变得更加努力！

——NLP卓越商业导师 苏学锋

第四章
锁住三套软件：解放身心，让员工自动自发

4 权力要下放，老板才能解放

问题困惑

想一想，你是不是企业大小事都要亲力亲为？想一想，员工给你做点什么，你是不是都不放心？抢了员工的事，让员工无事可做，只会"吃力不讨好"。这是为什么呢？

NLP总裁智慧系统解码

让员工有发挥才能、展现实力的机会，是每一个管理者必须正确对待的问题。然而很多老板，总是无法明确自己的身份，明明是"指挥"，偏偏要干"执行"。员工想表现，却没机会发挥自身才能。老板天天喊累，却干得乐此不疲。这样的公司，最终只能是老板倒了，员工跑了。

NLP总裁智慧系统认为：想把企业做强、做大，老板就要懂得为员工个人的发展而考虑，最合理的方式就是授权。在当代社会，飞速的发展现状要求企业的老板必须善于授权、敢于授权，

这样才能提升企业运作效率，真正实现老板的身心解放，达成公司的业绩倍增。

所谓授权，就是老板将自己一定的职权授予下属去行使，使下属在其所承担的职责范围内有权力处理问题、作出决定，为老板承担相应的责任。也就是说，老板无须事必躬亲，下属可以完成的事情交给下属去完成，这样才能成为一个有效的企业。

经典故事

美尔制造公司内部的陈规陋习严重阻碍了公司发展，一向亲力亲为的董事长陈章决定要充分运用员工的才华，从而提高公司的效率和知名度，把美尔制造公司打造成省内最优秀的制造公司。

陈章果然是一个好伯乐，他迅速找到了一个最合适的人选。一天陈章专程把他叫到办公室，以提问的方式："我们怎样才能成为省内最优秀的制造公司？你能不能替我找到答案？过几个星期来见我，看看我们能不能找到答案。"由于陈章是运用提问的方式让对方自己寻找答案，他就不用再思考这件事了，因为他的合适人选正在苦思冥想，力图找到答案。

几个星期后，那位员工找到了答案。他约见陈章，说："目标可以达到，不过大概要花6个月的时间，而且要用150万美元的巨资。"随即，他向陈章说明了自己的全套方案。对于他的回答，陈章甚为满意，因为他原本计划要花的钱远远高于150万美元。于是陈章让这位员工认真地实施方案。

大约过了四个半月之后，那位员工给陈章打电话，让他过来看看自己的成果如何。这时，陈章的最初目标已经实现，美尔制造公司已经成为省内最优秀的制造公司，更为重要的是他还从150万美元的

第四章

锁住三套软件：解放身心，让员工自动自发

经费中节省了50万美元。至此，陈章甚为得意，他进行了一场大的变革，而且还省了一大笔钱。

导师箴言

作为一个领导，大事要亲自过问，其余的小事就让下属放心去做吧！决策的执行、执行的方式与过程都是小事，应放手让下属操作。把握住了这个原则，也就达到了理想的领导效果了。当然，实际工作当中，还会有意外，就应当具体情况具体处理。但要注意不能让权力失控，威胁自己的领导地位。

——NLP卓越商业导师 苏学锋

5

不逼员工一把,他都不知道自己多优秀

❋ 问题困惑

你公司里有很多没有价值的员工吗?他们可有可无,随时可以被顶替,但是真的是这样吗?是你没有把他们放对位置?还是你对他的工作要求太低,不能给到他们压力?

♟ NLP总裁智慧系统解码

"知足常乐,能忍则安","祸莫大于贪欲,福莫大于知足",都是耳熟能详的"经典名句"。有些人得过且过,不思进取,之所以有这样的行为,主要原因有两点:一是没有进取心,缺乏工作动力;二是没有压力,做不做都一样。

针对这些不思进取的人,作为企业的老板该如何解决呢?**NLP总裁智慧系统中**,曾提到:当一个人内驱力不够的时候,外驱力也能助一个人成功,并且也有可能将外驱力转化为内驱力。对于员工而言,老板就是最好的外驱力。因此,只要老板经营有

第四章
锁住三套软件：解放身心，让员工自动自发

方，每个士兵都有成为元帅的可能，关键看他有没有一个逼他成才的上级。

"有压力才有动力"，这句话其实是至理名言。老板完全可以给员工施加一定的压力，从而激发员工的动力。有句话说得好：不逼自己一把，不知道自己有多优秀。当然，这是个人内驱力的成果，那么内驱力不起效用时，就要启动老板赋予的外驱力，将每个员工都"逼"成自己所需要的人才。

经典故事

在国外，有一家小公司，员工只有350人，他们每天的工作就是制造氧气面罩，特殊时期，还会再做一些其他的救生设备。他们的客户主要是军方及民间的飞行员。忽然有一天，因为经营不善，导致公司运营陷入了困境，这时，那些高级管理人员不但没有想办法解决问题，反而跳槽离开了。

其实，一直以来，这家公司给员工发的薪水都比其他同行要高，所有按钟点计酬的工作、加班费也多出一倍半。最大的问题是公司上下都用"平常心"做事。从经理到工人，各人做各人的事。只要做好分内的工作，或者是他们自认为做好就是了。

公司突然出现问题，让公司的管理层很是头疼，他们到处找有这方面经验的能手，希望能使这家公司起死回生。但有谁愿意拿这么一点薪水负这么大的责任？又有谁有这种高度的自信，保证在这种恶劣的条件下获得成功？最后，好不容易找到一位名叫艾隆·布鲁姆的年轻人。

布鲁姆接受了新的任务后，采用了不同以往的方法。他首先召集剩下的150名员工训话，他宣布："每天自上午8时至下午5时，各人

做自己分内的事。你是秘书,就做秘书的事,你是经理,就做经理的事;你是设计工程师,就做设计师的事。但在5点以后,从秘书到我自己,全都加入生产线,协助装配工作。你们和我都得听生产线领班的命令。没有加班费,只有一块三明治当晚餐。"

在两年的时间里,这家小太空装备公司又恢复正常,甚至运营得比以往还要好,员工的士气为之大振,公司也开始赚钱了。布鲁姆领导下的公司,虽然没了以前的加班费,员工们每个人都愿意加班;而之前有很高的加班费时,却没有一个人愿意加班,公司也慢慢破产,还导致200名员工离开公司。布鲁姆领导下的公司,为什么150个人能比以前350个人做更多的事?

仔细思考,我们就会明白:以前虽然有350名员工在工作,但他们却从来不相信可以改变困境,同时也不在乎要不要改变。主要原因还是因为领导没有给其施加一定的压力,导致他们思想上的懒散。而布鲁姆来了以后,他让剩下来的150位员工明白了这一点。因此,他们完成了看似不可能完成的任务。

导师箴言

如果员工长时间在心理上就没有压力,那么再足智多谋有理想有激情的人,也会满足现状、不思进取,在实际工作当中就会成绩平平、毫无起色。在没有压力的状态下时间一长,员工必会惰性大发,懒散成性,影响整个团体的效率和干劲。对于这样的员工,老板一定要施加压力,用掉他的过剩精力,一来可以提高整体效率,二来可以满足部下的成就感,一举两得,成绩斐然。

——NLP卓越商业导师 苏学锋

第四章
锁住三套软件：解放身心，让员工自动自发

6

别把"明星员工"宠上天，树立全局发展概念

问题困惑

在你的公司中，有十分受器重的员工吗？你对他的态度，在其他员工眼里是不是已经有些让"公平"的天秤失衡？

NLP总裁智慧系统解码

每一家企业中，那些精明能干、表现出色的"明星员工"，都十分受到老板的喜爱。在他们身上，往往在一方面或多方面有着别人无法比拟的杰出才能，绩效远高于其他员工，他们对于公司发展的影响无人替代。于是，老板就会在公司树立榜样，每天开会鼓舞员工士气的时候，都会提到自己手下的"明星员工"。

作为公司老板，在公司树立"明星员工"，并多次提及，自然是出于激励其他员工的目的，希望每一位员工都能得到更好的发展；作为新来的员工，看到有人能够在企业中表现如此出色，肯定对自己的未来充满信心；作为成长期员工，看到"明星员

工"如此受重视,自然会找到自己努力发展的方向;作为"明星员工",得到老板的认可和赞美,自然更具动力地去工作;作为管理层员工,在实施管理中,有"明星员工"为标杆,更容易进行管理。这一切的出发点和所期盼的结果都是好的。但如果老板自身对"明星员工"的概念存在错误的认知,那么即便树立了"明星员工"为榜样,也只会起到反作用。

那到底怎样去理解"明星员工"呢?所谓的"明星员工"绝不单单指那些冲在一线,拿着高薪收入的人,而是要从多种角度去考虑。例如:高智慧的,多付出的,善良正直的,热情投入的,敢于担重任的……这些都可以作为"明星员工"的审核标准。

因此,老板千万不要被传统思维的框架困锁,只拿出其中的一条来作为"明星员工"的判定依据。要学会时时刻刻以企业领航者的眼光去看待每一位手下的员工,关注每一位手下员工的成长,学会发掘他们不同的才华和潜能,将他们安排到他们感兴趣,并适合他们自身发展的岗位上,给他们充分展现能力的机会,他们会更感谢你的关注与付出,从而让你的外驱力转化为他们的内驱力,这样工作起来,才能变得更有效率,实现你想要的结果。

♟ 经典故事

在一家文化公司里,有一位表现十分出色的策划编辑叫王洛川,通过他一年多的努力,为公司策划出了许多的畅销书,做出了相当可观的业绩。而他自己也因极其出色的表现,受到了老板的认可和赞许,年底送了几十万元的奖金不说,还将他升职为新任的策划总编。就这样,他一跃成为公司里的"明星员工",享受着诸多荣耀以

第四章
锁住三套软件：解放身心，让员工自动自发

及老板特批的待遇，不仅如此，老板还经常在其他员工面前表扬他，并时不时地在某些会议中对他颁发一些奖励。

最初，其他员工看到有人通过努力拿到几十万元的奖金，于是对公司的发展充满了期待，并且也相信只要自己多学习、多付出，当策划思维提升上来的时候，也一定能够取得这样优秀的成绩。然而，随着老板越来越重视王洛川，把所有的作者资源都对接给他，其他手下的员工都不受器重，每次一有新的策划机会，老板都指派王洛川去，其他员工根本没有机会。

慢慢地，除了王洛川一人，其他员工变得越来越没有动力。可越是这样，老板越觉得自己重视王洛川是一件十分正确的事，于是仍旧坚持自己的管理作风。结果没过多久，其他的策划编辑和撰稿编辑接二连三地辞职了，王洛川一个人精力也有限，公司很多业务流程都跟不上了，好好策划出来的畅销书，却因错过了好时机而一度滞销，公司业绩再也没有新的突破，公司开始陷入不停的招聘中，哪有心思拓展新的业务。最后，老板眼中最优秀的王洛川看到公司再无发展，于是也跳槽到另一家文化公司去了，这时老板才悔不当初。

导师箴言

现今，很多老板被传统思维的框架束缚了，脑海中根本没有一种全局的观念。作为一个聪慧的领导人，应该懂得充分给每一位员工施展才华的机会，并且通过多种方式和眼光去审核每一位员工的成长，将普通员工变为"明星员工"。随着时间的发展，给公司培育出80%的"明星员工"，而另外20%的员工是新员工和成长期的员工。并且，要坚定不移地走在培养"明星员工"的道路上，做一个卓越非凡的集团企业，成为一个孵化社会人才的摇篮。

——NLP卓越商业导师 苏学锋

7

必知的面子学问：人前留一线，日后好相见

❋ 问题困惑

为什么你辛辛苦苦培养起来的员工最后都离开了你？为什么他们对你的评价并不高？本该心存感激，最后却反戈一击，你想过这是为什么吗？

NLP总裁智慧系统解码

俗话说得好："人前留一线，日后好相见。"在任何人际交往中都是如此。老板和员工之间自然也不能例外。尽管是雇佣关系，但老板也要讲究分寸，切不能当自己是发钱的金主，就不顾员工的颜面去当面厉声指责，尤其是在公共场合，这会让人很难堪，反过来也会显得自己本身没有风度。

在这个世界上，无论谁都是要面子的，尤其在大庭广众之下，更不能让别人看自己的笑话。可是偏偏有一些老板，喜欢不分场合地对员工指手画脚，当众呵斥，动辄发脾气，把下属置于

第四章
锁住三套软件：解放身心，让员工自动自发

难堪的境地。他以为这样做会激发下属发挥更大的能动性，以为只有这样才能体现自己的威严。这样做虽然对员工一时会奏效，但却不能长久下去，因为它会造成人为的心理紧张，对人的自尊心是一种极大的伤害。

每个人的内心深处都有求生存求发展的本能，若是有一百条生存之路可行，在激烈的竞争中毁掉了99条，剩下一条路留给他，他也不会和你去拼命！倘若他最后一条路也断了，那么，他一定会揭竿而起，拼命反抗。想一想，职场之中，何必劈头盖脸地批评，不留一点情面呢？给别人留面子，本质上也是给自己留余地。

经典故事

美国一家大型公司的老总，对待管理员工很有一套，总是被员工称作"最智慧的老板"。在平日里和员工的互动中，他总是善于给他们留有余地。布朗多曾是一家家具厂的副董事长，因为仰慕这位老总的管理方式而选择辞职，继而投奔到这家大型公司，担任厂长。

他本想在这里大展拳脚，发挥自己的能力，给公司创造更多的业绩。可没想到的是，由于他的失误，导致一场大火将工厂烧成一片废墟，反而给公司造成了巨大的损失。这件事情发生后，所有的员工都缄默不言，认为老总一定会大发脾气，而布朗多也十分恐慌，到时候丢了面子、引咎辞职倒不说，后续公司追究起刑事责任，那么他的职业生涯就彻底结束了，这辈子再也抬不起头了。

布朗多知道老总虽然对员工十分用心，但是却从不姑息员工的过错，有时为了一点小事也会发火。但这一次，让布朗多感到欣慰的是老总竟然连问也不问，只在他的报告上批示了几个字："加油！好好干吧！"

老总的做法不仅保住了布朗多的面子，更给了他人生一次机会，这让他深受感动。由于这次火灾发生后没有受到任何的惩罚，他一直心怀愧疚，于是变得对老总更加忠心，从那之后，以加倍的工作来回报老总、回报公司。

导师箴言

当老板要纠正员工错误时，最好的办法是为他找一个安全合理的理由，这个理由不使他丢面子，又可使他全面地改变自己的观点和态度。一个懂得教导员工的老板，会在批评员工时，给对方留下面子，从而达到激励的目的。

——NLP卓越商业导师 苏学锋

第四章
锁住三套软件：解放身心，让员工自动自发

8
员工"杀毒"：杀一儆百，以儆效尤

问题困惑

老板在经营企业的过程中，总会遇到这样的难题：有能力的人，也是公司问题最大的人！这样的人，如何处理才不失妥当？

NLP总裁智慧系统解码

在所有的公司中，都可能出现危害公司发展的"害虫"，这个时候，作为企业的领航者，千万不能忽视，要立刻为公司"杀毒"。如果三令五申，对方还是没有悔改之意，那么就一定要将"害虫"从公司中剔除，否则对公司造成的不良影响无法想象。

都说"小树不修不直溜，人不修理哏赳赳"。员工思维的三套软件，一旦出了问题，一定要进行及时的修正，否则他的思想就会如病毒一般散播开来，这种负面的影响力是极大的，很可能没过多久，团队中的成员都会受其感染，最终导致团队土崩瓦解。

因此，老板对员工"杀毒"的事情一定要高度重视！但也要

摆正好自己的态度。要知道，在企业发展过程中，员工出现了负面情绪是一种很正常的现象。你买了一台电脑，只要使用了，它就有可能在运行过程中出现病毒的风险。一个智慧的老板，一定要及时给员工"杀毒"，调整他们思想的三套软件，使他们成为自己和公司的责任人，将他们的负能量转变为正能量，为公司的长期发展作出贡献。

♟ 经典故事

某有限公司的总监，在管理公司十几年的过程中，为公司创下不少的利润。但是近几年开始私欲膨胀，不仅大吃回扣，还动用私人关系，将自己的亲戚调到自己的身边，对员工的态度更加恶劣了，有时候，自己犯了错却不承认，总是推卸责任以嫁祸于人，在公司中影响极坏。

公司人事调整之后，新换了一位总经理。这位总经理年纪轻轻，为人仁厚，也有水平和能力。由于在该公司中，那位总监管了多年生产技术，而别人都不如他的阅历丰富，所以董事会仍然用他担任公司总监。

一开始，总监热情积极，工作也着实抓了一些，也很讨总经理欢心。但由于改变公司经营状况，势必涉及到过去的遗留问题。因此，可以推想，管理工作是难于理顺的。而且总监本性难改，旧的思想意识和工作作风很快又在经营管理活动中体现出来了。没过多久，公司注入的几千万元资金快用光了。

总经理忙于公司事务，可是他上任前请来的顾问很快有所觉察。在深入调查研究之后，他明确地向总经理建议：换掉总监。作为一位企业顾问，提出这样的建议，本身就是慎而又慎的，可见事情的

第四章
锁住三套软件：解放身心，让员工自动自发

严重性。总经理同意顾问提出的所有问题和所有分析，但就在"换掉总监"的决断问题上下不了决心。他总是说："总监真的太不容易了，都58岁了还在努力工作，他也快退休了，就再等几年吧，让他画上一个圆满的句号。"总经理的这番话，说得何等动人。他的心真的太仁慈了！

然而，由于企业经营迅速滑坡而不见起色，总经理被母公司撤掉了，为此他也失去了在母公司上层领导眼里的地位。可他却怎么都没想到，那位他极力支持的总监，竟然把责任全都推到了倒霉的总经理身上。当然，那位心术不正的总监，也没能逃脱失落的命运，在他退休还有一年半的时候，也灰溜溜地被换掉了。

导师箴言

当老板发现公司里出现一个思想不正，危害公司发展的"毒瘤"时，一定要及时处理，通过旁侧敲击或是单独谈话的形式，引导、纠正对方的思想和行为。假若对方对此熟视无睹，不听劝阻，反而变本加厉，那么千万不要顾及旧时情面，直接将他剔除。否则，对公司发展百害而无一利。

——NLP卓越商业导师 苏学锋

9
给员工真正想要的，别给自己想给的

❀ 问题困惑

为什么有的时候，你对待自己的手下员工很不错，不定时的奖金，小礼物双手奉上，但是他看起来还是不那么满意？

♟ NLP总裁智慧系统解码

现在的时代，老板经常为管理员工的事情而犯愁。为了留住员工的心，让员工变得积极主动、自动自发，老板费了不少心思。涨薪、升职、发红包、季度奖金、文娱活动、生日聚会、节假日福利……样样都不少，可是为什么就是给不到员工心中的那个点呢？

很多老板喜欢用权威来压人，或者用金钱来诱人。这两种方式都不见得有成效，有时候还会让人产生厌恶感，这是为什么呢？在NLP总裁智慧系统中，曾提到：人会为了自己想要的东西而付出，不会为你想给的东西而感谢，人只会为了自己的需求而

第四章
锁住三套软件：解放身心，让员工自动自发

买单。因此，往往你以为他想要的，不见得就真的是他想要的。

其实，智慧的老板，一定要明白这个道理：无论任何事情，都是"与人方便，与己方便"，请人用人留人也是同样的道理。所以，老板要记住：只要你能够让自己的目的和对方的一些意愿或者切身利益结合起来，用这个来说服别人，结果一般都是双赢。

经典故事

布琳是美国一家高端餐厅老板，她向来行事张扬，做事情也时常以自我为中心，不过因为她较高的学识以及果断的行动力，一直让公司保持着很高的销售业绩。自从前年起，传统餐饮企业滑坡很迅猛，万幸的是，她的高端餐厅一直有着固定的客源，因此没有受到什么冲击，在周围餐厅纷纷倒闭的情况下，还能保持每日的稳定进账。

为平稳度过这次风波，她还是不能掉以轻心，因此她开启了员工循环加班模式，但作为补偿，她会给员工颁发一定的奖金。可是不堪重负的员工对此并不买账，虽然他们加着班，对布琳的埋怨却越来越深。

一次，布琳参加完一场高级餐饮峰会回来，在路过茶水间的时候，无意间听见两个职员在悄悄议论。一位女职员说道："布琳这个老女人，从来不考虑员工的想法！她以为给咱们一点加班费，咱们就满意了吗！"另一位女职员喝了一口水，继续接道："说的就是，每逢节假日，发的东西都是按照她的品位来的，老天爷都知道，咱们公司除了男士，压根没人喜欢喝红酒！"

布琳气愤不已，刚想进去教训这两位女职员，可下一秒钟她忍住了。回到办公室里，她开始思考自己和员工之间的关系以及平日的来往互动。后来，她终于想明白了，自己一直以自己的想法和观点来判

断员工的想法和观点,却从未求证过。所以造成她把自己以为好的东西,送给了员工,结果员工并不买账。

从那之后,布琳再也不做"一意孤行"的老板,她开始通过开会和问卷调查的方式来明确员工的想法,之后再进行工作安排和奖金激励。而员工也因为她的改变,工作中变得更加有动力。不仅如此,餐厅的营业额也在这"冷冬"中加倍增长。

导师箴言

在职场中,老板最常犯的一种错误就是:用自己的想法揣测员工的想法。其实,与其做这种无端的揣测,还不如直接问员工:你到底想要什么?找到员工真正想要的,你去给予,才能真正得到员工的心。当员工不想要一件东西的时候,你千万不要给他,否则就是千金也无意义。他不想要,你就转换他的思想,让他想要,这时你再给予,才会起到你想要的效果。

——NLP卓越商业导师 苏学锋

第四章

锁住三套软件：解放身心，让员工自动自发

10

习惯性打压员工，只能证明你无能

问题困惑

为什么有的员工，只对你的能力表示认可，却从来不认可你的人品？是不是在管理员工的过程中，你总是恃才傲物，打压自己的员工？

NLP总裁智慧系统解码

生活中，有很多老板都是凭专业起家的。例如：之前他做公关，于是辞职后自己开了一家公关公司；之前他售卖服装，于是辞职后他就开了一家服装连锁店！这样的老板，因为自己专业，最容易嫉贤妒能，生怕自己的员工比自己强，进而影响到自己的威严。

NLP认为：老板专业能力越强，越会限制员工能力的发挥。因为越是专业，就越是挑剔。但作为老板，你要记住：你不可能样样都比你的员工强，总有你不及他人的地方，否则你招揽员工

有何用？如果你这样做了，其实到头来亏得还是自己。

因此，作为一名老板，你要记住：你是指挥官，不是执行者。干好你指挥的事，何必在乎执行能力的强弱，那是你手下员工该替你完成的。如果你足够英明的话，就别想着用员工的无能反衬自己，那样只能证明你无能。

经典故事

罗想是某公司的总裁，汪雨是他手下的一个员工。总的来说，因为罗想是通过亲戚关系走进来的，并没有什么实际的能力，而汪雨确实很有才华，而且他又十分的好学。渐渐地，罗想觉得自己已经掩盖不住汪雨的"光芒"了。

有件小事最能反映这个问题了：由于罗想的电脑水平不高，因此对于现代化的办公让他做起来有点吃力，而他对电子邮件等现代通信工具更是有着一种莫名的恐惧感。有一次，他让汪雨向国内其他分公司发一份国庆期间的促销通知，汪雨在领命后只用三五分钟就把邮件发出去了。

但是，这位罗科长并不是很放心，还要汪雨再发一次传真，于是一份两页纸的传真就发到了全国20多个分公司，整整耗了一个多小时，汪雨站在传真机旁，机械地说着同样的话："喂，某分公司吗？我是公司总部的，请给个信号，我发一份传真过去，总共两页，签收后再回传一份……"然后听到"嘀——"的一响，重复着同样的送纸动作……

到了最后，汪雨实在是忍不住了，就跟罗想发生了激烈的争吵。汪雨忿忿地说："公司资源浪费和办事效率不高就是被你这种人害的。"而罗想则回了一句："你不想干可以辞职走人，我绝不拦

第四章
锁住三套软件：解放身心，让员工自动自发

你。"就这样，在罗想的陆续打压下，再加上无法忍受罗想的愚蠢，后来汪雨愤然辞职了。

导师箴言

《师说》中说过："师不必贤于弟子，弟子不必不如师，闻道有先后，术业有专攻"。这其中的道理也同样适合于公司的老板和员工，作为老板你不可能样样都比你的员工强，更不要对有能力的员工进行压制。作为老板，最大本事就是用好这些人，充分发挥他们的潜能，为自己和公司赢得最大的利益。

——NLP卓越商业导师 苏学锋

导师语录

★ 你鼓励什么，就即将得到什么；你打压什么，就即将失去什么。

★ 别人会为了自己想要的东西而付出，不会为你想给的东西而感谢。

★ 老板就是企业的天花板，老板的智慧决定企业的高度。

★ 员工有能力，老板一定要让他发挥，如果不让他发挥，他迟早会换个地方发挥。

★ 要想把企业做大，就要不按套路出牌。

★ 请专业的人做专业的事，但没有结果再专业也没有用。

★ 用自己能力挣钱，一辈子挣小钱；用别人能力挣钱，才能挣大钱。

★ 你能帮助多少人，你就能成就多大事。

★ 你要做什么事，跟你当下的能力不一定有关系。

★ 没有不赚钱的行业，只有不赚钱的企业；没有不赚钱的企业，只有不懂赚钱的老板。

第五章

成为交际高手：
有效沟通是必备法门

活在世上，我们就必须要与人沟通！良好的沟通可以让我们获得更好的人际关系以及达成更多的理想目标！不懂得沟通的人，只会让自己的生活变得越来越闭塞。不仅如此，很多的机会也会和自己擦肩而过！因此，若想成功，就必须培养自己的沟通能力，让自己成为交际高手！

——NLP卓越商业导师 苏学锋

第五章
成为交际高手：有效沟通是必备法门

1
学会打交道，让陌生人也成为自己的资源

❋ 问题困惑

对于陌生人，我们的心里总会觉得：不可信！于是对他们的防范心理也很重。那么，陌生人对我们而言，到底是值得交往，还是不值得交往呢？

♞ NLP总裁智慧系统解码

对我们每个人而言，陌生人的存在都是最多的，陌生人总是围绕在我们的身边，并且通过语言和行为的相互连接，逐渐变为熟悉的人。无论是谁，都不可能离开陌生人，离开他们，大家都将一事无成，甚至寸步难行，这也许是我们从未认真考虑的。但生活中，很多人都在有意无意地排斥着陌生人。其实，大可不必如此，所有的熟人不都是从陌生到熟悉的吗？

要知道，中国是世界上第一人口大国，也是一个人际关系十分广阔的大国。人与人之间的关系很复杂，也很重要。可到了今天，这种人际关系有了一个显著的特色，就是熟人和陌生人的区别。我们的熟人包括：父母、亲友、发小、同学、同事……这些人，在我们心中通常的认定都是：接受。而陌生人却恰恰相反！

我们心里总是这么想：陌生人和我的生活并不发生什么关系，至少在利益方面永远是矛盾和不相容的。我们想当然地认为，这个世界上只存在两种人。一是熟人——利益共同体，二是陌生人——与自己毫不相关。其实，是我们的思维框架太狭隘了，限制性的信念阻挠了我们。不要把陌生人屏蔽在你的生活之外，因为屏蔽是屏蔽不了的，相反，只要我们跟陌生人打好交道，他们就能成为我们的熟人。说不定还会成为我们的贵人。

经典故事

多年来，美国著名记者阿迪斯以记者身份往返世界各地，他和陌生人的谈话有许多是毕生难忘的，而且通过他们，他还写了很多有益于社会的报道。他说："这就好像你不停地打开一些礼物盒，事前完全不知道里面有什么。老实说，陌生人引人入胜之处，就在于我们对他们一无所知。"

阿迪斯举例说，新奥尔良那个修女，她看起来温文尔雅，不问世事。但是，阿迪斯不久便发现她的工作原来是协助粗野的年轻释囚重新做人。他还在加拿大一列火车上遇到一位一本正经的老妇，她说她正前往北极圈内的一个村庄，因为听人说在那里可以见到北极熊在街上走。

阿迪斯说："跟我谈过话的陌生人，几乎每一位都使我获益匪浅。"在公园里遇到的一位园丁告诉阿迪斯关于植物生长的知识比他从任何地方学到的都多。埃及帝王谷一位计程汽车司机请阿迪斯到他

第五章
成为交际高手：有效沟通是必备法门

没铺地板的家里吃茶，让他认识到一种与自己迥然不同的生活方式。在挪威奥斯陆，一位二次世界大战时曾经参加秘密抵抗组织的战士带阿迪斯到海边一个风吹草动的荒凉高原，他告诉阿迪斯说，就在那个地方，纳粹为了报复抵抗组织的袭击而把人质处决。

我们过去从来没有见过的人，甚至能帮助我们认识自己。因为我们可能对一位陌生人说出我们时常想说但又不敢向亲友开口的心里话，他们因此便成了我们认识自己的一面新镜子。如果运气好，和陌生人的偶遇还会发展成为终身不渝的友谊。阿迪斯说："世界上没有陌生人，只有还未认识的朋友。"

导师箴言

不知道大家有没有听过"六度空间理论"，该理论指出：你和任何一位陌生人之间所间隔的人不会超过六个，也就是说，最多通过六个中间人你就能够认识任何一位陌生人。我们的人脉其实也是这样发展而来。世界上任何一次相遇，都并非偶然。懂得把握这种"偶然"的人，人脉自然不会太差，遇见贵人的几率也会随之提高。

——NLP卓越商业导师 苏学锋

2

利用良好的沟通，赢得机遇的脉动

❋ 问题困惑

为什么同样的一件事，让你和另外一个人分别去做，你做的一塌糊涂，而另外的那个人却能够顺利达成？是你专业能力水平有限？还是在沟通方面出了差错？你有仔细思考过吗？

♟ NLP总裁智慧系统解码

很多人从不把沟通当成一件重要的事情来看，他们觉得自己只要有了才干，即使没有良好的沟通能力，也可以达到成功的目的。但可以毫无疑问地说，两个具备同样才干的人，如果这个人沟通能力逊于对方，那么无论是在求职上还是在提拔升迁中，与对方竞争是很难取胜的。

因为良好的沟通能力，既可以完美自然地展现自己，也能赢得他人的欣赏与关注。别人可以从你的言语谈吐之间，看出你这个人的性格，以及是否真的具有才华。很多人事主管面试的时

第五章
成为交际高手：有效沟通是必备法门

候，不就是如此吗？

通过沟通的方式，可以让对方更加深入地了解你，并且信任你。但前提是：你的沟通不能引起对方的反感。把握好沟通的窍门，你就能实现自己想要达成的目的。因此，我们完全可以说：机遇也会通过沟通来赢得，就看你是否能够把握住。

🎯 经典故事

不知道大家是否听说过京城"火花"首富吕春穆的故事？原本，他仅是一个北京小学的美术老师，偶然的一个机会，他发现一本杂志上有人利用收集到的火柴标识，去激发学生们的学习兴趣和创作灵感的一篇文章，从那之后，他下了一个决定：开始收集火花。

为了收集到更多的火花，他开始展开了频繁的交际活动。首先，他为自己油印了两百多封言辞中肯、情真意切的短信，并且发到各地的火柴厂家。没过多久，他收到了六七十个火柴厂的回信，此外，还有了几百枚各式各样的精美的火花。

这样的成果，让他高兴不已！于是，他开始变得更加热情，主动走出去以火花为媒，以火花会友。1980年，通过不断地走访，他认识了一位在新华社工作的朋友，两人见面之后，他收到了这位热心花友送给他的二十多套火花，此外，还和他相谈甚欢，聊了很久。

在聊天的过程中，这位花友说："我还认识江苏常州的一位朋友，你可以跟他索购一本花友们自编的《火花爱好者通信录》，这会让你认识更多的同道中人。"吕春穆按照他说的做了，由此欣喜地结识了国内一百多位未曾谋面的花友。他与各地花友交换藏品，互通有无。

利用寒暑假的时间，他去遍了各个地方，访遍各地藏花已久的花友，还通过各种途径与海外的集花爱好者建立起联系。就这样，在广泛交往和沟通中他得到了无穷无尽的乐趣和享受，为他成名创造了机会。

由于对火花越来越热爱，他开始不断地撰写文章，并且先后在报刊上发表了几十篇有关火花知识的文章。不久之后，他还成为了《北京晚报》"谐趣园"的撰稿人。他的火花藏品得到了国际火花收藏界的承认，他本人也跻身于国际火花收藏组织的行列。

1991年，在广州举办的"中华百绝博览会"上出现了他的身影，那一次，他一共带了几百枚火花精品进行了展览，他以十四年的收藏历史和二十万枚的火花藏品，被誉为"火花大王"而名扬于京城，独领风骚。吕春穆之所以能够成功，得益于不断地沟通、交际。他以"花"为媒结识朋友，通过朋友再认识朋友，一直把关系建立到全球。从而，一次次机会降临，使他走向了成功。

导师箴言

其实，如果我们善于观察就会发现，很多机遇都是在沟通之中创造出来的。因此，我们可以说：沟通能力的大小和机遇的多少是成正比的。在生活中，我们要多多发挥自己的沟通优势，不断扩大自己的人脉网，捕捉周围的潜在机遇，从而走向成功。智慧的人，会让每一次交往和沟通都成为提升自己的机会。

——NLP卓越商业导师 苏学锋

第五章
成为交际高手：有效沟通是必备法门

3

让沟通为自己积聚人气，达成合作

❀ 问题困惑

为什么别人闯事业都有各行各业的奇才来鼎力相助，你需要寻找合作伙伴的时候，却发现不知从何下手？

♟ NLP总裁智慧系统解码

掌握基本的沟通与合作技巧，是每个人都应该有意识地去学习的。现代社会，那些成功人士，大多数都具有与人合作的精神，因为他们知道个人的力量是有限的，只有依靠大家的智慧和力量才可能办成大事。而达成合作不可忽视的一个前提是：进行沟通！

生活中，人们都愿意和那些所谓"人缘"好的人进行合作，觉得这样自己也能够沾光。而对于"人缘"不好的人，人们很少愿意与其合作。其实，我们仔细思考一下就会发现：这本身并不是"人缘"的问题，而是由合作中对沟通技巧的掌握是否熟练所

造成的,也是一个人是否拥有良好的合作习惯的体现。

沟通合作涵盖面很广,它可以使两个人、三个人乃至千百万人的力量汇聚在一起,甚至可以使几代人的力量汇聚在一起,向着人们向往的目标前进。沟通解决了人类个体所不能为、一代甚至几代人不能为的目标,使人类的能力有了质的飞跃。由此可见,沟通对促成合作的重要性。

经典故事

雷军在创办小米之前,曾对互联网进行过很多次的思考。尤其是移动互联网来临之际,他敏锐地嗅到了一股成功的东风。根据互联网时代的转变,他认为移动互联网是未来不可避免的发展趋势,于是他选择了成立小米公司,并开始决定做手机。

后来,他想到:未来手机一定是软件、硬件、互联网相结合的产物,如果能顺利把微软、Google、摩托罗拉合并的话,这个公司应该相当地牛。那么,要是自己可以把这三个公司最顶尖的人集合起来办一个新的公司,那成功的机会一定很大。在有了这样的想法之后,雷军果断开始行动了。看似简单的招揽人才的事,真正去做才发现一点都不容易,雷军打出一条长长的名单之后,开始一个接一个地打电话,然后一个个约出来聊。

凭着雷军在金山集团多年的人气和实力,以及他诚挚的话语,他顺利地招揽来了小米公司的其他六位合伙人。他们分别是:联合创始人总裁林斌,联合创始人及副总裁黎万强、周光平、黄江吉、刘德、洪锋。这些人都是人才中的人才,精英中的精英。算上公司董事长雷军,他们一共七个人。由于小米公司是扁平化的管理模式,七个人各分管一块,互相沟通,互不干涉。

第五章
成为交际高手：有效沟通是必备法门

为了招揽更多的人才，这些人也付出了很多的努力。例如有一次，雷军跟一个硬件工程师谈了好长时间都没有说服他加入小米。那天，不管雷军怎么说，他就是无法相信小米这个模式可行，因为他死活不知道，雷军到底打算怎么去挣钱。雷军耐心地讲了几十种方式，可是还是没办法让他答应。对做硬件的人来说，他了解小米的模式是有困难的。后来，雷军真的是说到口干舌燥了，合伙人也轮番上阵，整整十二个小时，最后是他们的真诚说服了他，于是选择与小米合作。

导师箴言

善于与人沟通的人，一定是善于与人合作的人；反之，不善于与人沟通，则一定不善于与人合作。沟通是合作的基础。一个团队的领导必须懂得运用沟通的方法，保证员工们最大限度的合作。拒绝沟通，也就意味着拒绝与别人合作。

——NLP卓越商业导师　苏学锋

4

只有沟通顺畅，才好求人办事

❋ 问题困惑

求人办事的时候，经常把人惹恼的人太多太多。有没有想过怎样才能改变这样的状况，促使事情的达成？

♟ NLP总裁智慧系统解码

我们身边有很多人常说：靠山山倒，靠人人跑，还是靠自己最好！其实这种想法本身没错。坚守"求人不如求己"的原则，可以让自己变得更加努力。这是从积极角度来看的，但有的人呢，只是觉得请求别人帮助是自己无能的表现，这样做丢脸。这种看法是偏颇的。人与人之间的互相帮助是生存与生活的必然现象，而非"无能"或"丢脸"。

"求人不如求己"也并非事事都能做到呀！因为，在如今这个竞争非常激烈的社会里，我们总会遇到力不能及的事情，需要别人的帮助。求人办事是人们生存的一项技能。会与人沟通的人

第五章
成为交际高手：有效沟通是必备法门

总会将事情办得尽善尽美，得到别人的帮助，从而达到自己的目的；不会与人沟通的人就会遭到别人的拒绝。

这就要求我们一定要学会沟通，并且在沟通的过程中，我们要用一个好的话题作为开始，话语尽量不要啰嗦，懂得察言观色确定对方对自己的态度，最后再选择一个恰当的时机，吐露自己的请求。千万不要在沟通过程中引起对方的反感，否则你这次沟通将无法达到自己想要的目的。

经典故事

几年前，王刚在廊坊的一家木板厂当车间主任，当时他们接到国库券认购任务，厂子里上百位员工都认购了不同的数额，最后只剩下几个"老顽固"，说什么也不肯认购。对于这几个拥有三十年左右工龄的老工人，王刚可是费尽了心思，找他们去谈话，磨破了嘴皮，他们依然是摇头，不光如此，还摆脸色给他看，更有蛮横者，直接拍桌子说："不是说要自愿吗？我不自愿！别再和我说了！我不想听！"说完，起身就走，其他几个人也尾随其后，弄得王刚十分尴尬！

这来来回回、前前后后已经开了三次动员大会，可是依然没有什么效果。实在逼得没有办法了，明天这个任务就要报给上级，这时候，下班的时间到了，王刚把这几位老工人送到车间门口，轻声说："多余的话，我也不再多说了。我只讲最后一句：我现在真的是极为难，请大家帮个忙，谢谢你们了。"

奇怪，刚才态度还强硬的老工人听了这句语重心长的话，竟纷纷表示："主任，其实我们也理解你的不易，我们不会让你为难的……"说完，大家扭头回去认购。王刚不安的心终于放了下来。

一句充满人情味的求助,居然比通盘大道理更具有说服力。作为老工人,虽然文化不高,但重情义。现在,领导不宣讲大道理,而是请他们帮忙。他们想:领导看得上咱,岂能不给面子?就这样气一下顺了,所以事情也就给办了。

导师箴言

人生在世,谁都免不了求人办事。要想把事办成,我们就得通晓办事的乾坤。在求人办事的过程中,要有放低姿态的良好心态,事无巨细的做事风范,利用自己的良好沟通,找到对方的动心点,然后竭力去打动对方,促使事情的达成。

——NLP卓越商业导师 苏学锋

第五章
成为交际高手：有效沟通是必备法门

5

沟通的意义，在于对方的回应

问题困惑

为什么有的时候，你觉得自己明明说的是好话，而对方却并不买账？原因到底是什么？你有仔细想过这个问题吗？

NLP总裁智慧系统解码

"我的天！他怎么会这么想！""说了半天，我最好的朋友竟然都不知道我在和他说些什么！""真是搞笑！售货员说的话太讽刺人了吧！"这样的抱怨，在生活中比比皆是。这都是沟通不良所导致的，才造成了话不投机半句多。面对这些问题，你是否怀疑过究竟是自己口才不好，还是不会社交？

NLP总裁智慧系统认为：人与人之间的沟通，只有身份匹配，才能够沟通到位。为什么这么说呢？因为这个世上每个人的生长环境以及文化水平都是不一样的，而这些直接影响了每个人理解能力的高低和接收讯息的方式不同。

如果你的话对方压根理解不了,他就会自然地用自己的能力去解读,这样往往就会形成沟通不畅。那样就没意义了!沟通的最终目的,无非是希望对方至少能清楚了解自己的主张,让彼此的认知达到一致。其实,想要让对方听懂自己的话也并不难。这就需要你必须去说对方可以懂的话,当别人清楚了解你所传达的讯息,也会更快答应你的请求。

经典故事

古时候,有一个人,自认为博学多才,不仅精通四书五经、天文地理,还能给人算卦,算算婚姻、前程。一天,他走在大街上,一个不留神儿,竟然撞到了当地县太爷的轿子。县太爷发怒,让官差将他绑到府衙大堂。县太爷拍下惊堂木,厉声喝问:"你到底是什么人,胆敢冲撞朝廷命官,不要命了!"这下可把秀才给吓坏了,他连头都不敢抬,跪在地上,战战兢兢回道:"小人是个算卦为生的小人物,哪敢得罪县太爷。"

恰好这位县太爷的姨太太正在怀孕,一听说下面跪着的人会算卦,县太爷连忙命人给算卦先生松绑,并问道:"本官正要问你,我太太怀孕了,你看是弄璋还是弄瓦?"旧时习俗,生男孩要送一块玉璋,所以叫弄璋;生女孩就没有这种待遇,拿块瓦玩玩就算了,所以叫弄瓦。算卦的平常吹吹牛还行,到这儿就行不通了,他哪里知道文人的这套把戏,压根都不懂。于是只能胡乱应道:"老爷和太太真的好福气,要不就弄璋,不行再弄瓦,要不两个一起弄也可以。"

县太爷顿时就火了:"敢情你是蒙事的!你这种骗子,就该好好教训!来人!重打四十大板,轰出去!"没过几天,县太爷的姨太太

第五章
成为交际高手：有效沟通是必备法门

真生了，生的是一男一女双胞胎！知府老爷乐得合不上嘴，这时想起那个挨了四十大板的算卦先生，于是说道："就说他是骗子吧！四十大板都打少了！"而那算卦先生躺在自家床榻上也颇有埋怨："县太爷说的话，哪是我一个算卦的能听得懂的。都怪自己平日瞎吹牛，要是知道他是问生男孩还是生女孩，我倒是能应对自如了。"

导师箴言

沟通不良、谈话没办法达成共识，这是生活在这世上每个人都会遇到的烦恼！正因如此，我们才要尽力去避免。无论和什么样的对象去说话，都要用对方可以接受、并且能听得懂的语言，别怕拉低身份，你要知道一切的沟通都是为了结果而服务。而对方只有听懂你的话，才能够实现你想要的结果。

——NLP卓越商业导师 苏学锋

6

感知位置法：让你读懂你、我、他

问题困惑

无论在生活中，还是在职场中，有没有人常责备你不近人情？有没有人常指责你根本不理解他（她）的心思？你思考过这些问题吗？

NLP总裁智慧系统解码

在职场中，我们常常会看到这样的情形：老板抓住正在犯错误或已经犯了错误的员工，不分青红皂白，就大骂一通。而大多员工则会事后委屈诉苦："他怎么不问问怎么回事就开口骂人呢？事情不是这样的，是有原因的啊！"领导完全没有为员工着想一下。

生活中有时还会发生这种情形：对方或许完全错了，但他仍不以为然。在这种情况下，不要急着指责对方，因为这是愚人的做法。而应该试着了解事情的经过与真相，只有聪明、宽容的人

第五章
成为交际高手:有效沟通是必备法门

才能圆满地解决这种事情。

在NLP十八条前提假设中,曾提到:每个人行为背后均有其正面动机。若想充分了解对方的行为背后的动机,就要学会利用感知位置法。与对方"互换"身份,就能感知对方为什么会有那样的思想和行为。探寻出其中隐藏的原因来,便得到了解开他人行动或人格的钥匙。如此一来,便能够知道自己下一步该怎样做了。

♟ 经典故事

在美国有一个著名的推销员,他的名字叫作乔治·赫伯特,他不仅能卖出所有别人认为难以推销的产品,更为神奇的是他竟然成功地把一把斧头卖给了曾经的美国总统小布什。就因为这一件事,他得到了世界著名的推销学会特地制作出来的一个金靴子,上面还印刻着"最伟大的推销员"字样。从那之后,他的名气大增。

回想当初美国前总统比尔·克林顿当政时期,布鲁金斯面向世人出了一道难题:谁能把一条内裤推销给克林顿先生?可是,最终没有任何人能做到。这一次,当人们觉得"谁能把一把斧头推销给小布什先生"这个难题根本不会有人解决得了时,乔治·赫伯特却做到了。

那之后,大家都十分好奇:乔治·赫伯特是如何做到的呢?很多人都说:这是由于他十分的自信,不怕困难,一次又一次推销,不断坚持着才达成的!可事实并非如此,的确,没有足够的信心,谁能勇敢地把斧头卖给当政者呢?但是更重要的是,乔治·赫伯特运用了感知位置法,他站在小布什需要的角度,用关怀的意愿作为出发点,真诚地打动了小布什的心。

乔治·赫伯特接到这个挑战时就信心满满,他认为:"把一把斧

头卖给小布什总统是完全可能的,因为他在德克萨斯州有一座农场,那里长着很多树。于是我便给他写了一封信。我在信中是这样写的:尊敬的先生,有一次,我有幸参观了您的农场,发现那里长着许多矢菊树,有些已经死掉,木质也变得松软了。我想,您一定需要一把小斧子。不过,从树的质材来看,市面上的小斧子显然太轻,因此您应该需要一把不是那么锋利的老斧头。现在,我这里正好有一把这样的斧头,它是我爷爷留下来的,十分适合于砍伐枯树,价格上,只要15美元即可。如果您有兴趣,请按本信所留下来的信箱地址,给予回复……很快,小布什总统就给我汇来了15美元。"

乔治·赫伯特之所以能够取得成功,不仅因为他足够自信,还因为他和布什总统互换了位置,从对方角度去想,这种人性关怀很容易让对方敞开心扉接纳自己。

导师箴言

如果我们总是习惯从自己的角度出发,用自己的观点去判断生活中的对与错、是与非,常常会得到片面的甚至是错误的结论。当你利用感知位置法,站在对方的角度和立场考虑问题时,你就会惊喜地发现:事情往往不是大多数人想的那样,而你要寻找的答案却正好在这里。

——NLP卓越商业导师 苏学锋

第五章
成为交际高手：有效沟通是必备法门

7
在沟通中，身份决定信赖感

❋ 问题困惑

站在一群人中间，你说的话大家都不感兴趣，也不相信；但换了另一个人上来，这群人为什么就变得感兴趣，也变得相信了呢？

♟ NLP总裁智慧系统解码

上学的时候，班上总会有几个班干部，各司其职，各显其能。班长，负责指挥和分配班级的大小任务；学习委员，负责抓管并辅导同学们的学习；文艺委员，组织班上同学搞一些文娱活动；体育委员，带领并指导同学进行各项体育活动……班上同学，有什么事，就要找相对应的负责人，这样才能把事情处理好。体育活动的事非要找学习委员干，学习委员不见得能干好，而且在信任的程度上，你也会觉得学习委员怎么可能有体育委员专业！对吧！

在NLP总裁智慧系统的理解六层次中，曾提到这样一句话：

身份决定信赖感。那么，到底什么是信赖感？其实，所谓的信赖就是一种长时间的相处后，对彼此的一种信任和依赖的感觉。而个人身份的定位以及大小，会影响到我们对别人的这种感觉。最后，我们心里便会出现一个信赖程度的评定。

让电子商务领域最牛的阿里巴巴董事长马云和曾经的跳水冠军田亮站在一起，让他们重新出发，去做电子商务，你觉得谁能赢？反过来，你让他们进行一场跳水比赛，你觉得谁能赢？相信第一时间你心里就有了答案！这是身份定位的不同。再说说身份大小的不同吧！你的部门经理说下个项目一定派你去，但是比你部门经理高一级的总监却说派别人去，你会信谁的？凭你的第一感觉！

经典故事

当年开启台湾偶像剧时代的一部影视剧《王子变青蛙》，不知道大家是否还记得？在那里面，曾有这样一个片段，让我们深深体会到一个人身份的重要性。

由于观美饭店的老板唐顺明欠Senwell饭店集团3500万，并逾期未还，于是Senwell饭店集团总经理单均昊便对观美饭店下了强制拆除令，无论唐顺明怎样去哀求都没有任何效果。这时，女主角叶天瑜便决定帮助唐顺明，保全观美饭店。于是几次去Senwell拦截单均昊，并诚恳邀请他参加由观美饭店策划举办的旅游业者招待会，期待通过这次招待会，证明观美饭店还有存在的价值。见叶天瑜这么诚恳，单均昊决定给她一次机会，于是允诺。

这场观美两天一夜的旅游业者招待会，在大家的精心筹备下，进行得很顺利。正当大伙一同分享成功的喜悦时，一通通客房的紧急电

第五章
成为交际高手：有效沟通是必备法门

话，预告了即将面临的危机——集体食物中毒。李铜锣替大师傅所准备的家传酱料，造成了此次食物中毒，邀请到的旅游业者个个上吐下泻、发烧疼痛，大家慌张不已，不知如何是好。

在医院里，叶天瑜和Senwell饭店集团形象创作总监徐子骞拿着之前制作好的纪念册向旅游业者道歉。可是旅游业者对他们的道歉并不买账，还说要起诉观美饭店。就在叶天瑜以为自己搞砸了一切的时候，单均昊来到旅游业者的房间，诚心向他道歉，请求他的原谅并表示观美饭店是Senwell的一部分，自己愿意替观美担保。见到Senwell饭店集团总经理愿意替观美饭店出面，旅游业者觉得观美饭店肯定具有什么价值，于是最终选择放弃告观美饭店，并表示愿意给观美饭店一次机会。

导师箴言

很多时候，我们必须承认：人们是看对方的身份，才决定他的话的可信程度。当你去办一件事的时候，你的身份不能达到对方的信赖值，那么你就要学会请一些"有身份"的人来帮助你，这样事情就会轻松达成。因为身份决定信赖感，在沟通中，我们便可以充分利用这一点，实现自己想要的结果。

——NLP卓越商业导师 苏学锋

8

善于倾听别人，别人就更喜欢你

❈ 问题困惑

试问一下，你在生活中是一个善于表达并且急于表达的人吗？在一对一或者一对多的沟通中，你是否常常因为过于表达自己，而被排斥？你思考过这些问题吗？

♟ NLP总裁智慧系统解码

想要做一个成功的交际者，除了会说让人喜欢听的话，还要能当一个忠实的倾听者。从某种意义上来说，会听甚至比会说更重要。如果说话是一门艺术的话，倾听就可以称之为一种境界。因为生活中有太多的人都急于表达自己，很少有人能安稳地坐下来，倾听别人的心声。

因此，我们在交谈的过程中，一定要学会把握分寸。过多的表达，并不见得能掳获人心，反而可能会让对方觉得自己只是一味地说自己想说的话，而忽视了他的内心感受。要学会给对方说

第五章
成为交际高手：有效沟通是必备法门

话的空间和时间，这样才能保证双向交流。这样的交流不仅最有效，而且也是获得对方好感的关键。

善于倾听的人，都是很有修养的人。而这种修养，需经过长期的锻炼才能够形成。善于倾听的人，给人的印象就是谦虚好学、专心稳重、诚实可靠。善于倾听的人，能够给别人充分的空间诉说自己，避免不必要的误解。善于倾听的人，常常会有意想不到的收获。

经典故事

说到老干妈这个品牌，相信很多甚至没吃过老干妈的人都会知道。老干妈公司的创始人陶华碧，是一位没上过一天学，仅会写自己名字的农村妇女。但是她白手起家，仅仅6年间，就创办出了一家资产达13亿元的私营大企业"老干妈"公司。就凭着这样的条件，她是怎么做到的呢？有什么绝招和窍门呢？

了解她创业经历的人就会知道，其实，她的成功，很大程度上就得益于她既朴素又管用的"绝招"，那就是重视与员工的沟通，并且善于倾听员工的内心。陶华碧十分关注员工个人的需要，总是在人们想不到的地方关心人、体谅人。公司曾经有一位来自农村的厨师，他父母早亡，家里还有两个年幼的弟弟，可是他爱喝酒、爱抽烟，这样一来，每月1000多元的工资几乎全花光了。陶华碧知道这个情况后，十分担心。为此，有一天下班，她专门请这位厨师去喝酒。

在饭桌上，她对那个厨师说："孩子，今天你想喝什么酒就要什么酒，想喝多少就喝多少。可是，从明天开始，你就要戒酒戒烟。因为你还有两个弟弟，你要让他们去读书，千万不能像我一样大字不识。"这番语重心长的话，使这个厨师非常感动，当即向她保证一定戒酒戒烟。尽管如此,陶华碧对此还是不太放心,因为一旦对烟酒上瘾,是很难戒掉的。于是,她又告诉他,以后发工资每月只能留200元零花,其余的钱则由她替他保管;什么时候弟弟上学要用钱时,再从她那里支取……

在老干妈公司里,像这样的事情还有很多,而陶碧华都会尽心尽力地来与员工沟通并帮助他们解决。可以看看,在当今社会,作为一个大企业的董事长,有谁能像她这样为一个普通打工仔理财?像她这样从细微处关心每个员工?而她之所以能做到这些,就是因为她明白这样一个道理:帮一个人,感动一群人;关心一群人,肯定能感动整个集体。事实证明,她的这种沟通奏效了,老干妈公司的业绩节节提升。而在员工的心目中,陶华碧也像妈妈一样可亲可爱可敬,在公司里,没有人叫她董事长,都叫她"老干妈"。

导师箴言

在生活中,会说的人有很多,但并不见得能说进人的心坎里;但是会听话的人,除了聋子应该都能够做到。事实上,会听话,才会说话。听得多了,我们才能从听到的话语里查找出自己想要的讯息。所以,我们一定要善于倾听,做一个"会听话"的人。记住:耐心听别人说话,永远不会引起他的反感!

——NLP卓越商业导师 苏学锋

第五章
成为交际高手：有效沟通是必备法门

9
有错辩解惹人烦，不妨幽默一把

问题困惑

在交际场合中，常会碰见那种不顾及别人面子，当众指出你的不足与缺点的人，从而让你陷入十分尴尬的境地。那么，面对这种情况，你要如何处理呢？

NLP总裁智慧系统解码

在生活中，这样的事情你一定遇到不少：自己无意间犯了错误，特别想要去掩饰，于是就跟别人不断解释自己做错的原因，而越解释对方越会反感，不但不会听你所说的话，对你的印象更会大打折扣！

在NLP总裁智慧系统中，认定当然处于愤怒的情绪时，潜意识的三大守门员就会自动屏蔽很多外界的东西，并且会加大扭曲力度。所以，当事人面对这样的情景时，过多的解释会被认定为"强词夺理"以及"火上浇油"。想打破对方的抗拒点，就要调动自己身上的灵性，发挥超常想象，在困境中展示你自智和应变能力，将问题转移。

经典故事

大学生孙哲为了减轻家里的经济负担，常常利用节假日打工挣学费。一位朋友介绍，他到"轩亭"餐馆当服务员。双休日来就餐的人特别多，孙哲手托着菜碟、酒具，不停地在客人间穿梭。

正当他为客人服务时，一对中年夫妇面带愠怒地冲他叫了一声："服务员！"他赶紧走到这对夫妇面前。那男士用筷子指了指汤里漂着的苍蝇指责道："请问，这东西在我的汤里干吗？"孙哲弯下腰，仔细一看，不禁暗自叫苦：弄不好，这份工作要泡汤了。突然他灵机一动，然后毕恭毕敬地答："先生，对不起。它好像在游泳。"

"难道它不知道这儿严禁游泳吗？"这位男士也颇具幽默感地反问道。"非常抱歉，是我们管理不严，让它犯了自由主义的错误。我给您重换一碗汤，可以吗？"孙哲极有礼貌地答道。这对中年夫妇被孙哲的幽默惹得忍俊不禁，自然就采取了谅解的态度。

受到客人指责时，简单道歉或辩解是不能迅速化解客人心中不满情绪的。孙哲从中年男士的问话中判断，他是一个温文尔雅且具有幽默感的人，于是灵机一动抓住时机，发挥超乎常人的想象，始终避开正面交锋，并借偶然的因素所造成的失误构成某种歪曲的推理，从而淡化了客人的不满。

导师箴言

人在生活中，发生错误是不可避免的，这个时候，你一定会想方设法去解释，获取对方的原谅。但当你的解释不能替你解决

第五章
成为交际高手：有效沟通是必备法门

任何问题，反而只能火上浇油的时候，你就要放弃这种做法，灵活应变地转移对方的注意力，去淡化对方的不满，达到你想要的沟通效果。

——NLP卓越商业导师 苏学锋

10
平日别忘常联系，有联系才能聚人气

✹ 问题困惑

有难之时，给身边的朋友打电话求助，接收到的却只有对方的冷漠。于是我们不满、抱怨，觉得人家没有良心。真的是这样，还是你平日里对友情并没有用心？

♞ NLP总裁智慧系统解码

在与人交往时，很多人总是怀着功利心，将其认为是交友的前提。殊不知，这是一种自私的、错误的观念。在这种前提下建立起来的人际关系，注定是不和谐的，是不会长久的。真正和谐、长久的人际关系，贵在平时的积累与维护，而不是平日里的不理不睬。

没有了联系，深厚的友谊可能变得越来越淡；没有了联系，两颗心灵之间可能会彼此疏远；没有了联系，曾经无话不谈的朋友可能变得形同陌路。朋友之间要始终保持联系是实现心灵之间

第五章
成为交际高手：有效沟通是必备法门

的交流与碰撞的一个最基本的原则。

"人非草木，孰能无情"，想要获得对方真挚的友情，就一定要把握好这条处世的原则，当你需要帮助的时候，他人自会主动伸出援助之手。也正因为如此，彼此之间的友谊才会更加深厚，你的人脉才会无限广阔。常来常往是朋友，只有平时不断往来，才能促进彼此之间信息的传递和感情的交流，人与人之间的关系才能越来越融洽。

经典故事

黄蜂和鹧鸪从小到大都生活在一个农田的周围，它们常年都能看到一个勤恳的农夫在劳作，农夫偶尔闲暇时，也会看看它们舒缓一下疲劳，就这样，日子过得简单又平静。

没过几年，这个地方忽然大旱，好长时间都没有降雨。有一天，黄蜂和鹧鸪都口渴得厉害，但是它们又找不到水源，于是它们想起了农夫，便一起来到农夫的家里，希望农夫能给它们找一些水喝，并且承诺要帮农夫做事情，算是当做回报。

农夫看了看它们，有些不敢相信，于是问道："如果我真的把水拿给你们喝了，你们打算怎么回报我呢？"

这时，黄蜂抢着说："这还不容易吗？我可以发挥我的特长呀，帮你看守葡萄园，要是发现谁来这里偷葡萄，我就用毒刺刺他。"农夫听了，并没有什么兴趣。

鹧鸪接着说："我也可以发挥自己的特长，比如说，我会帮你给葡萄松土，让葡萄长得更好，你看怎么样？"农夫听了，摇了摇头，还是没有任何兴趣。

这时，黄蜂和鹧鸪一起问农夫："我们想帮你做的，你都不满

意,那么,你到底想让我们做什么,才能给我们水喝呢?"农夫看了看它们,回答说:"你们不口渴的时候,怎么就没有想到要替我做一些事情呢?"

农夫的一句反问,顿时让黄蜂和鹧鸪哑口无言。

导师箴言

现实生活中,"人饥己饥,人溺己溺"的境界很少有人能做到,但我们至少能够做到平时多关心朋友,哪怕一句轻轻的问候,也足以让朋友感动。在NLP四大智慧支柱中,曾提到:建立自己与自己、自己与别人的亲和感!所以,我们要记住:朋友之间的关系贵在平时的维护,这样的友情不会疏远,而在关键时候朋友常常会帮你一把。

——NLP卓越商业导师 苏学锋

·导师语录·

★交流才有可能找到商机,想成为一位商业大咖就必须学会沟通;多给别人一个微笑不会丧命,少给别人一个微笑就有可能损失一个市场。

★人与人的沟通说到对方的需求点,说别人想听的,不是自己想说的。

★你所讲的话对方不一定听到了,需要对方回应和重复才能得以确认。

★只有融入别人才会接受你,格格不入别人就会讨厌你。

★说得越多,暴露的东西就越多,讲到兴奋和痛苦时,讲的都是内心深处存在的真实想法。

★每次沟通要知道自己要的结果是什么,只聊和结果有关的事。

★设身处地地站在别人的角度去思考,才能够真正体验到别人的世界观。

★情绪只是我们用于沟通的载体,情绪用好就是帮手,用不好就是凶手。

★认识一个人,打开一扇门,里面坐着一群人;继续认识一个人,继续打开一扇门,里面坐着一群人;再次认识一个人,再次打开一扇门,里面坐着我的贵人。

★你所说的话并不是别人没有听到,而是有可能在思考怎么回答你。

第六章

以结果为导向：
行动落实目标，目标落实结果

人类一切的思想以及一切的行动，不仅是为了享受追逐成功的过程，更是为了追求最终的一个结果。凡事以结果为导向，才能闯出大事业！因此，无论我们想要做什么，都要先确定自己到底想要一个什么样的结果，用结果确立思想方向，指挥行动！

——NLP卓越商业导师 苏学锋

第六章
以结果为导向：行动落实目标，目标落实结果

1

明确目标：先画靶子，再打枪

❀ 问题困惑

你为什么做事情总是没有动力？而且还会时常陷入迷茫的状态之中？你是因为自己的能力水平在懊恼？还是一开始没有确定好自己的路？

♟ NLP总裁智慧系统解码

"定一个小目标，比如先挣它一个亿！"中国首富王健林的话，如今仍旧萦绕在耳旁。所谓的目标指的是什么？其实就是指：想要达到的境地或标准。不仅如此，它还要有具体数字，时间期限，详细的计划，大量的行动，并且每天每个星期每个月能衡量进度。NLP总裁智慧系统中，四大智慧支柱曾提到："要明确自己到底要什么，确立自己的理想成果。"由此可见，"目标"对个人发展有着十分重要的作用与意义。

一个人如果没有清晰的目标，他就会经常陷入迷茫，永远到

达不了成功的彼岸。一个企业的领导要是没有明确的目标，那么这个企业就好像一条船在海里漂荡，因为没有它的目标港，所以不管这条船漂了多久，有多少经历风浪的经验，它都始终不会到达目的地。

作为一个聪明睿智的人，一定要记住：先画靶子再打枪。要知道上帝对任何人都是公平的，任正非、马云、王健林并不比任何人拥有更多的时间，那么他们的成就又从何而来？差距就在于眼光的高度，在于他们心中的目标。他们从不做只为一口食物不断奔波的狼。要想自己有所发展，心中的那个目标一定要明确清晰，然后朝着那个目标不懈地奋斗，终有一天会成功。

经典故事

提及"洛克菲勒"，大家想必都不陌生，这位石油大亨，可以说是美国历史上第一位亿万富豪与全球首富。那么，他的传奇故事是从什么时候开始的呢？

1870年，31岁的洛克菲勒在几经思考后，终于成立了标准石油公司。那时候，他就壮志凌云地向所有人宣告：总有一天，所有的炼油制桶业务都要归标准石油公司。从那之后，他开始不断兼并其他的炼油厂，在他的努力下，不到两年的时间，就已经成功吞并了20多家炼油厂，控制克利夫兰90%炼油业、全部主要输油管及宾夕法尼亚铁路的全部油车。

此后8年，他控制了全美国95%的炼油厂，几乎控制了美国全部工业和几条大铁路干线。1882年，他成立了美国历史上第一个托拉斯。

谁也没有想到，仅仅十年的时间，当初那个小伙子真的实现了自己曾说过的话，完成了这个前无古人的目标。在记者询问他成功的原

第六章
以结果为导向：行动落实目标，目标落实结果

因时，他说："目标是我领导的依据，目标就是一切。我习惯于在做任何事情之前先确立目标，而且每天我都要设定目标，譬如与合伙人谈话的目标、召集会议的目标、制订计划的目标等等。我在做事之前也会先检视自己设定的目标。通常在我到达公司时，我已经成功做好了万全的准备。所以，在我心里从未出现过诸如'我没有办法''我不管了''没有希望了'等具有吞噬性的声音。每一天确立的目标，已经抵消了这些失败的力量。"

正是因为有了明确的目标，洛克菲勒才能带领手下的员工一步一步跨越沟坎，走向成功。

🌿 导师箴言

企业没有目标，前景就很朦胧，基本上很难实现，也就是说，没有可控性。由此可见，目标对企业发展的重要性。作为一个老板，要给员工制定一个目标，给企业制定一个目标，这个目标要明确、要实际、要可行。不切实际、胡编乱造的目标，只能让企业越来越糟，最终毁于一旦。

——NLP卓越商业导师 苏学锋

2

任何事都要动起来,别做行动的矮子

❈ 问题困惑

现实生活中,很多人都有自己的梦想,都有自己的志向,也经常将梦想、志向挂在嘴边,可是实际上他们却一直没有进步,甚至到了最后也一事无成。这是为什么呢?

♟ NLP总裁智慧系统解码

有的人信誓旦旦地想要有一番大作为,今天想要成为商业人士,明天想要成为旅行家,后天又想成为公务员……种种梦想都非常吸引人。然而实际上,他们口号喊得响亮,却没有付出一丝行动,结果所有的梦想都是三分钟热度,他们都成了"梦想的巨人,行动的矮子"。

原来,他们将时间都浪费在了空谈梦想与志向上,而没有充分且有效地利用时间脚踏实地地去做。结果只能是带着梦想与志向空活一辈子。记住:成功的企业家并非只是思想蓝图丰盛,

第六章
以结果为导向：行动落实目标，目标落实结果

更重要的是：他们必须具备强大的行动力！NLP总裁智慧系统认为：思想决定行动，行动决定结果！任何大事业，都是干出来的。你不干，就想要结果，那是天方夜谭。

与其坐而言，不如起而行。我们的信念是否起作用，关键在于我们是否采取了行动。如果我们不动手去做的话，那么再深刻的哲理对我们都不会起作用，我们的生活将处处充满了虚伪，不再真实。结果自然可想而知。

经典故事

张先生是一家大型家具制造厂的员工，从大学毕业开始算起，到现在已经有十多年了。这十多年的时间将他从一个毛头小伙子变成了一个成熟的资深员工，如今还当上了部门主管。张先生是一个颇有志向的人，不甘于一直做一个部门的小主管，他想做上部门经理的位置。可是很多人都在觊觎这个位置，甚至为此明争暗斗。虽然这个位置空缺过，但是每次都被别人捷足先登了。

张先生见升职无望，就想自己创业，做一番大事。他考虑过很多创业项目：开工厂、开网吧、做餐饮、开酒吧……但他习惯把简单的事情复杂化，因此这些想法都成为了复杂、庞大的创业计划，真要实施起来，又不知道该从何下手。就这样，每一次张先生有了一个想法，这个想法都只是从他的脑海中轻轻飘过，然后烟消云散。很多年过去了，张先生还在想创业，可还是一直没有将这些想法化为实际行动。

想来想去，张先生觉得创业风险大，不如在公司上班收入稳定，还是留在公司好，但是公司的薪水又不如他意，于是他又萌生了跳槽的想法。每天都把跳槽挂在嘴上，一边兴高采烈地谈论跳槽后能有多么高的职位、多么诱人的薪水，同时又发着牢骚。奇怪的是，发完了牢骚，张先生还是没有跳槽，没有采取任何实际行动。就这样，又十多年过去了，张先生还只是一个部门主管。

导师箴言

对于有梦想的人来说，具体的实际行动是必不可少的，敢闯实干才会有出路，否则梦想就是幻想，就是空谈。有了梦想，就要付出实际行动，哪怕没有实现，也不要让自己后悔。不要做山间的芦笋，也不要学习那些空谈阔论的"理论家"，只有真正行动起来，你想要的结果才有实现的可能。

——NLP卓越商业导师 苏学锋

第六章
以结果为导向：行动落实目标，目标落实结果

3
成功唯一的秘诀，就是不达目的誓不罢休

问题困惑

为什么你满嘴的追求梦想，也勤恳地付出行动，最终却没有收获成功的果实？是你真的不具备成功的能力吗？

NLP总裁智慧系统解码

生活中，有很多人都向往着成功。与此同时，也都在不断付出努力着，然而最后还是只能有一小部分人获得成功，而其他的人都未能尝到胜利的甘果。这是为什么呢？原因在于：他们根本没有坚持到底，在遇到挫折和坎坷的时候，轻易选择了放弃。

真正能够成功的人，都是不达目的誓不罢休的人。一旦失去了这种信念，即便是能达成的事情也只能落空。任何事情，坚持都是成功的基础，选择半途而废的人，永远都不可能真正和成功相遇。

有一句很流行的话：努力到无能为力，拼搏到感动自己。这

是对渴望成功的人最好的激励。因此，当我们想完成一个目标或一个梦想的时候，一定要把握住自己潜意识的三套软件，坚定信念不动摇，那么终究会看到胜利的曙光。

经典故事

杰森是一家大公司董事长，但一点架子都没有，他几乎从来不会发脾气，在工作中发现问题时，也不会第一时间去批评和指责自己的员工，反而总是用手拔出含在嘴里的大雪茄，说："没关系的，这次做不好，不代表以后也做不好，千万别灰心，只要你能够再坚持一下，一定可以成功。"说完还拍拍员工的肩膀。这种做法，让员工万分感动。因此，他很受员工的欢迎，以至于公司的员工有几天看不见他，还都会惦记他。

在记者采访他时，向他提出这样一个问题："为什么你能取得如今的成功？"不出意外，杰森的回答是："坚持！"之后，他分享了自己曾经一个真实的故事：

"我从小没受过教育，但我不甘心，一直在努力，在我年过三十之后，我成功地发明了一种能够节能的灯，当时在我们那个地方，引起了不小的轰动。可无奈我是个穷光蛋，要是真的投入生产的话，需要很多钱。我出去找投资人，找了好久终于谈下了一个人，他说要给我投资。但是，要是这个新型节能灯投放市场，那么其他灯具就可能滞销，于是有人从中阻挠我的行动。

"当时的我还是太年轻，做什么都很自信。但没想到的是，在我快要和那个有钱人签约的时候，我得了胆囊炎住院了。医生和我说必须手术，要不然就会危及生命。其他灯具厂的人得知这个消息，就纷纷散播谣言，说我得了不治之症，做这个灯具是为了骗钱治病。那

第六章
以结果为导向：行动落实目标，目标落实结果

位银行家后来也开始动摇了，他提出要放弃投资，这个紧要关头，还有另外一家机构正在抓紧研制这种节能灯，要是让他们抢先，就都完了。我躺在床上焦急万分，实在没有办法，只能铤而走险，就先放下手术，先和那个有钱人见面。

"见面的那天，医生给我打了镇痛剂。刚开始的时候，一切如常，我和有钱人谈笑风生，说着我们的合作，后来药劲儿一过，我的肚子跟刀割一样疼，但我并不表现出来，继续忍着痛和有钱人周旋，希望能说服他下定决心给我投资。那时，我心里只有一个想法：再坚持一下！挺住一会儿，就能成功了。病痛终于在我强大的意志力下低头了，在有钱人面前，我一点破绽也没露，完全取得了他的信任，最后我们顺利签约了！

"送他走出电梯之后，我就'咚'地一声倒在了地上，失去了意识。多亏我已经事先预约了医生，他们冲过来，用担架将我抬走。后来据医生说，当时我的胆囊已经积脓，相当危险！这件事直到现在还让我刻骨铭心，它让我明白紧要关头不放弃，绝望也能变成希望！坚持对于成功太重要，就是靠着不成功绝不罢休的勇气，我才一步步走到今天。"

导师箴言

每个想要获得成功的人，都应该具有坚韧和不达目的誓不罢休的精神。因为，无论想要什么，想干成什么事情，都必须坚持下去，唯有坚持下去，才能取得最后的成功。一个人做一件事并不难，就怕三分钟热度，就怕半路遇到困难退却，缺少持之以恒、不达目的誓不罢休的坚持。

——NLP卓越商业导师 苏学锋

4
简单的事练到极致，就是绝招

❋ 问题困惑

生活中的你，为什么总是高不成、低不就，永远达不到自己想要的结果？有没有想过，是不是因为你不愿意从身边那些简单的小事做起？

♟ NLP总裁智慧系统解码

想必大家都听过达芬奇画鸡蛋的故事。由于从小他就显示出画画的天赋，于是他的父亲就把他送到欧洲的艺术中心佛罗伦萨，拜著名画家和雕塑家费罗基俄为师。自那之后，他光画鸡蛋就画了六年，练习画蛋的草稿纸都堆得很高很厚了，他作画的艺术水平甚至超过了他的老师，这为他未来画更好的作品打下一个牢固的基础。

NLP总裁智慧系统中，曾提到：简单的事情练到极致，就是绝招！因此，在生活中我们绝不能因为事情看似"简单"，就放

第六章
以结果为导向：行动落实目标，目标落实结果

弃了努力，这样对我们而言是百害而无一利的。殊不知，把"简单"的事情做好了，需要付出多少"不简单"的努力。这种努力，将是你迈向卓越的一级级台阶。这种努力，很值！

不光是生活，其实工作也是同样的道理。在职场中，商务谈判、业务推销、市场策划、经营企业、管理员工……这些事情，根本没有什么绝招。很多的工作都是由一些大量琐碎的、繁杂的、细小的事务组成的，并且还会日复一日地重复这些事务。所以，只要你能够认真地把这些事情做到极致，你就一定会成为职场中的天才，总有一天，同事、上司、客户都会对你的专业程度瞠目结舌。

♟ 经典故事

从前，有一个领悟力很差的人十分痴迷功夫，于是到处拜师学艺。可是由于他真的是太笨了，所以不管到了哪里，都没有师傅肯收下他。但是，即便这样，他也不肯放弃，最后一个师傅被他缠得不耐烦了，于是把他叫了过来，对他说："我来教你一招吧，好好练习方可成才！"说完，顺手抄起了地上的一根木棍。就在刚想教他的一瞬间，这个师傅又想到：眼前这个人太笨了，要是根本教不出来，出去给自己丢人可就得不偿失了！叹了一口气后，他举起棍子大喊一声："去吧！"说着，顺手将棍子朝门口扔了出去。

谁都没想到的是，这个徒弟真的是太笨了，他以为师傅刚才的动作是教给他的妙招！于是赶紧冲出门外，捡起棍子高高兴兴地跑掉了。从那之后，他开始夜以继日地苦练这一招数，随着越练越顺手，他扔掉了手上的木棍，换成了更结实的铁棍，并且棍子是越来越粗，越来越重。

时光悄然而逝，十几年的时间就这样过去了。忽然有一天，一个武术高手经过这里，说要找人来挑战，他高超的武艺先后打败了师傅所有的徒弟，最后这位师傅也被打败了。到了最后关头，这个笨徒弟挺身前去迎战，他的脚往擂台上一跺，擂台就地动山摇般地摇动起来。然后他大喊一声"去吧！"紧接着手中上百斤的铁棒飞了出去。速度快得让那位高手不敢接招，只好当场认输了。

这下子，台下的所有人都变得瞠目结舌，看着这位"笨蛋"，惊讶得说不出任何话来，只能在心里想着：他怎么会这么厉害？其实仔细想想，有什么呢？这个"笨蛋"徒弟只不过把一件简单的事情，练到了极致，于是就成了绝招。

导师箴言

无论多么简单的事情，只要你认真地去学、去做，就会变成拥有巨大能力的人。反而是那些瞧不起"简单"小事的人，总是左顾右盼，结果到头来，什么事情都做不好。任何事情都由"简单"而起，懂得把握"简单"的人，未来才能够不简单。

——NLP卓越商业导师 苏学锋

第六章
以结果为导向：行动落实目标，目标落实结果

5

做事把握关键点，才能有结果

❋ 问题困惑

为什么别人很快就能够完成的事情，到了你这里总是要慢半拍？是你自身能力太差，还是根本就不懂得掌握事情的关键点？

♞ NLP总裁智慧系统解码

其实，我们的人生宛如一场漫长的旅行。在旅行的路上，我们可能会遇见宽阔笔直的道路，当然也会有让人陷入两难的岔路口。这个时候，选准正确的方向，将意味着我们未来拥有什么样的生活，所以这对我们而言十分重要。

在NLP总裁智慧系统中，曾提到：想要提高办事效率，最直接的办法就是掌握事情的关键。只要打通关键环节，其他的细枝末节都能顺利解决。 就像印第安人做箭一样，只要把握住了将箭杆削直这个关键的环节，其他的环节便可无需理会。

这也就告诉我们：想要把一件事情尽快解决，就一定要找到它的关键点。如果找到了事情的关键点，我们便可对症下药，再大的难题也都能够迎刃而解。相反，如果找不到解决问题的关键，而只是到处乱撞，那么就会迟迟解决不了这个问题，效率会大打折扣。

经典故事

1943年以前，大西洋上英美运输船队经常受到德国潜艇的袭击。当时，英美两军限于实力，无力增派更多的护航舰，这使得德军气焰更加嚣张，袭击更加猛烈。而英美只能望洋兴叹，无力阻挡这种局面。因此，一时间，德军的潜艇战使英美盟军焦头烂额。英美盟军不得不重新思考别的办法，以便与德军对抗。

为此，有位美国海军将领专门请教了几位数学家。数学家们运用概率论展开了详细的分析和思考。最后终于发现，舰队与敌人潜艇相遇是一个随机事件，从数学角度来看这一问题，它具有一定的规律。一定数量的船，编队规模越小，编次就越多，编次越多，与敌人相遇的概率就会越大，这样就很不利于英美盟军的运输。

这就说明了一个最为关键的问题：要尽量减少编次，来避免德军的袭击降低运输船只的损失。英美海军当时也没有更好的办法，只得接受了数学家的这种建议，命令舰队在指定的海域内集合，再集体通过危险的海域，不能分头行驶，然后再各自驶向预定的港口。

一切都在按原计划进行，结果奇迹出现了：英美盟军舰队在经过最危险的区域时，遭受德军袭击后被击沉的概率竟由原来的25%降低为1%，大大减少了损失，保证了物资的及时供应。正是这批物资的及时到来，大大增加了英美盟军的作战能力，使战争的局势很快由被动转为主动，取得了最后的胜利。也正因此，数学家受到了美国军方

第六章
以结果为导向：行动落实目标，目标落实结果

的高度赞扬。

> 📎 **导师箴言**

我们都知道，那个数学家根本不懂军事，但是却顺利地帮助大家解决了这个复杂的军事问题，这是为什么呢？就是因为他用独特的眼光找到了问题的关键点。所以说，想要提高做事的效率，仅仅靠双手的努力是不够的，还应该运用自己智慧的头脑去思考，找到问题的关键所在。

——NLP卓越商业导师　苏学锋

6
向有结果的人学习，自己才能有结果

❀ 问题困惑

现实生活中的你，如果问经常失败的人，努力拼事业能成功吗？答案大都是太困难了，或者直接说不能。但是如果你问已经成功的人，答案就不一样了。你觉得呢？

♞ NLP总裁智慧系统解码

如何让自己在短时间内获得成功？很简单：就是对有结果的人进行模仿和复制，然后伺机超越。有结果的人，就是成功的人。不要觉得向成功人士学习，仅仅是模仿他们的思维方式，其实在模仿中也有创新。学习成功的思维习惯和行为习惯，并且不断地总结和改进，那么这些东西都会成为属于我们的独特财富。

如果你无法快速学到成功人士的成功秘诀，那么给他们打工也是一个不错的方法。而且这是一件一举两得的好事。你不仅可以获得第一桶金，还可以在实践中把握成功者的处世方式，直接

第六章
以结果为导向：行动落实目标，目标落实结果

学习成功的经验。

生活中，很多人可能会这样说："那些所谓的成功人士，老是觉得自己很了不起，总是自以为是、夸夸其谈，我才不愿意和他们在一起呢。"而有智慧的人却说："怎样才能快速成功？其实看看成功人士怎样做就知道了。在思想上、在行动上努力向他们学习，以成功人士的标准来规范自己，慢慢地，你也会成为成功的人。"

经典故事

麦克的父母开了一个杂货店，有一天他们不幸辞世，那个小小的杂货店是父母留给他和哥哥德亚的唯一财产。微薄的资金，简陋的设施，他们靠着出售一些汽水和罐头之类的食品，艰难度日。显然，兄弟俩不甘心这种穷苦的状况，他们一直在努力寻找发财的机会。

有一天，德亚问弟弟："为什么都是商店，有的那么能赚钱，而有的却赚不了几个钱？这差别也太大了吧！就像咱们，我觉得已经很努力了呀！"麦克回答说："努力不见得就有成效，可能是方向不对吧。我觉得是咱们经营思想的问题，要是有好的经营思想的话，小本生意也是可以赚大钱的。你觉得呢？"麦克同意地点了点头，但是转瞬间又有了疑惑："可是，什么样的经营思想才是好的呢？"于是，他们决定多看看其他商店的经营经验，向他们学习。

一天，他们路过一家"消费商店"，这家商店顾客盈门，生意兴隆，引起了兄弟俩的注意。他们走到店外面，发现有一张醒目的告示，上面写着："凡来本店购物的顾客，请保存发票，年底可以凭发票额的3%免费购物。"

仔细观察了一会儿，他们终于明白了这家商店生意兴隆的原因——原来顾客就是贪图那"3%"的免费商品。回到自己的店里后，他们立即张贴了一个醒目的告示——"从即日起，本店全部商品让利4%，本店保证所售商品为全市最低价，如果顾客发现不是全市最低价，可以要求退回差价，本店还将给予奖励。"凭借这种"学习"来的智慧，他们杂货店的生意越来越好，商店迅速扩大，后来成为世界上最大的连锁商店之一。

导师箴言

　　成功人士走过的路，实际上就是一个人从平凡走向成功的道路，向他们学习实在是成功的一个捷径。成功的人总是有很多相似的优点，而碌碌无为的人往往有各种各样的恶习和缺陷。想要成功，我们可以把那些成功人士当做学习的典范，向他们学习，会获得事半功倍的效果。

——NLP卓越商业导师　苏学锋

第六章
以结果为导向：行动落实目标，目标落实结果

7
使用有能力人的能力，目标更容易达成

问题困惑

为什么有的老板看起来没什么本事，但是却能挣大钱？为什么有的人什么都懂，还是只能给别人打工？

NLP总裁智慧系统解码

从小到大，大多数的父母都是这样教育我们："好好学习，有知识文化，学会一技之长，往后好找工作，好在社会上立足！"于是我们拼了命地努力，从各个方面不断学习，通过长期的积累和锻炼，我们终于把自己培养成了一个优秀的打工者，每天都在勤勤恳恳地努力着，想着老板什么时候给自己发更多的工资和奖金。

但是，你看那些已经当老板的人，很少把目光投放在提升自己专业能力上，他们想的都是：如何揽进更多有专业能力的人才来为我工作。思维框架的不同，决定了两种人的未来走向，与此同时，也影响了挣钱速度的快慢。

　　NLP总裁智慧系统认为：使用有能力人的能力，才能更快达成想要的结果。当你的思维从"如何提升自己专业能力"进展到"如何使用有能力的人"的时候，就证明你已经达到了质的飞跃。一个人的成就有多大，并非看他自身能力的高低，而是看他能使用多少有能力的人。

经典故事

　　在程响32岁那年，他有了一百多万元的积蓄，与同龄人比，他已经算是很优秀的了！但他对此并不满足，他总是觉得自己挣钱的速度太慢了。作为程序员的他对于自己行业的进展速度，也总是喜忧参半。喜的是互联网这一行永远都在发展，证明他的价值也会越来越高，通过努力，他现在的工资还有可能翻倍；担忧的是随着年龄不断地增长，互联网更新换代速度太快，他怕自己学习跟不上，并且要付出巨大的心血和承受着巨大的压力。

　　这些年，他总是考虑如何将自己打造成一个有能力的人，如今他也成为了别人眼中有能力的人，各大公司的猎头天天给他打电话，以更高的薪资想挖他过去，他欣喜过后却是一片迷茫。跳来跳去，工资的涨幅额度也就仅仅如此。

　　一次偶然的机会，他听到了一句话：用自己的能力一辈子挣不了大钱！就是这句话，真正将他点悟醒了。他要的结果和他选择的方式并不匹配呀！他想挣大钱，就要用挣大钱的方式才行！那天过后，他决定给公司递了辞呈。既然一个人的能力挣不了大钱，那么整合一群人的能力必然能达到他想要的结果。

　　于是，他自己开了一个互联网公司，开始不断招揽各专业领域优

第六章
以结果为导向：行动落实目标，目标落实结果

秀的人才。经过一年多的努力，他的公司业绩达到了五百多万元，这一年挣下的钱竟然比以前打工十年挣下来的钱还多。

导师箴言

  一个普通人和一个老板的差距在于：思想框架的不同！普通人的思想框架还处于"入框"的状态，所以满脑子都是提升自己的能力，创造更多的财富价值；而老板的思想却早已经"出框"，他们想的是去哪里找有能力的人，帮我去创造更多的财富价值。一个人的能力终归是有限的，使用有能力人的能力，财富才能倍增，达到结果的速度才会更快。

——NLP卓越商业导师 苏学锋

8
欲速则不达，好的结果需循序渐进

❀ 问题困惑

你是否希望自己尽快获得成功，也花费心思付出了努力，然而效果却总是没那么理想，知道为什么吗？

♟ NLP总裁智慧系统解码

我们必须承认：无论做什么事情，都是万丈高楼平地起，夯实地基最为重要。一日之功就想达成理想的结果，那是不可能的。没有谁能够一步登天，但是我们可以一步步达到自己的目标。千万别觉得自己的一步太小，重要的是每一步都踏踏实实。任何宏伟的目标，都要从一点一滴的实干开始，这样未来才能实现自己想要的结果。

生活中，总有一些人大事做不来，小事又不肯做，结果到了最后所有的目标都成了空中楼阁。我们往往会遇到这样的人：总是对今天的状况不满，似乎世界埋没了他这个"人才"，可他又

第六章
以结果为导向：行动落实目标，目标落实结果

不能用行动来证明自己。这就叫做"好高骛远"。人最怕的不是别的，就是"一瓶子不满，半瓶子晃荡"，这样的人何谈成就？

古人云："欲速则不达。"这句话还是很有道理的。我们要想取得事业上的成功，就一定要懂得遵循事物发展的客观规律及其发展进程，有计划有步骤地进行，积累好经验，步步为营。但是，偏偏有些聪明人因为做事急于求成，结果事与愿违。

经典故事

古时候，有一个非常厉害的人，他叫养由基，因为自身射箭本领特别高超，有百步穿杨的本领。因此，很受周围人的敬重。无论是什么动物，见到他都十分害怕，他出现的地方，几乎没有任何动物敢靠近。有一次，两只猴子在树上跳来跳去，玩的正高兴的时候，楚王一眼就看到了它们，于是命令自己的属下搭箭，自己要亲自射击它们。可是猴子没有任何反应，仍旧在那里玩着，时不时还朝这些官兵做鬼脸。没想到这时，养由基拿着箭走了过来，这两只猴子吓得仓皇逃跑。

有一个年轻人非常仰慕养由基的射术，一心想拜他为师。在年轻人的再三请求下，养由基终于同意收他为徒。起初，养由基交给他一根很细的针，让他放在距离眼睛几尺远的地方，然后整天盯着这根针的针眼看。两三天后，这个年轻人有点疑惑，于是便问养由基："我是来学习射术的，老师为何要我做这些莫名其妙的事情呢？我什么时候才能够真正学习射术呀？"

养由基回答道："你现在所做的事情就是在学习射术呀！你继续练习吧！"这个年轻人起初表现得还不错，能够继续看下去，可是几天之后，便有些烦躁不安了，心想："我是来学习射术的，看针眼能看出什么所以然呢？这位老师不是徒有虚名，就是在敷衍我。"

后来，养由基教他练习臂力的方法，让他伸直手臂，然后在手掌上放一块石头，这个动作要从早到晚一直坚持。这个年轻人不明白师傅的用意，他想："我是来学习射术的，干吗总让我端着块大石头呢？"他非常不服气，不愿意再练下去了。

养由基看出了徒弟的心思，同时也认为他不是学习射术的材料，所以就任由他发展了。后来，这个年轻人又跟其他老师学习射术，但是，最终也没能学成精湛的射术。

导师箴言

"心急吃不了热豆腐"，生活中不管是谁，都希望自己能够获得成功。因为成功不但给你增加信心，还能提高你的能力素质，但这些是需要艰苦奋斗才能够得到的。综观古今中外，没有一个成功者不是遵照此条原则而获取成功的。因此，只要我们能够循序渐进，万事莫急，成功最终会来到自己身边。

——NLP卓越商业导师 苏学锋

第六章
以结果为导向:行动落实目标,目标落实结果

9

唯"快"不破,比别人更快收获结果

问题困惑

在市场争战中,为什么别人的市场份额永远比你的要大?为什么别人挣的钱永远比你要多?为什么你永远都只是跟随者,而非创造者?

NLP总裁智慧系统解码

现今时代,无论什么竞争都十分的激烈。尤其在商战中,你的思维比别人快一步,不见得能让你占有优势,但是你的思维和你的行动如果能一致,那么兴许你就能取得意想不到的成功。好的灵感,如果不立即实施,很有可能被别人抢先。

现在大家口中常常提到的互联网三巨头BAT,如果不是一开始就比别人快一步,怎么能做成如今这么大的规模?李彦宏、马云和马化腾,就是通过自己敏锐、独到的眼光,选定好了自己的战场,并快速投入其中,于是成了如今人人艳羡的搜索引擎、电

子商务、社交等领域的大佬,地位不可撼动!

NLP总裁智慧系统中,曾提到"速度法则"。这里面第一大点就是一个字:快!小米CEO雷军,针对市场竞争,说过这样八个字:天下武功、唯快不破。其实就是这个道理。由此可见,如果我们想要让自己拥有更强的竞争力,那么无论做什么,都要让自己抢在别人前面,比别人更快一步。

经典故事

在美国的伊利诺伊州,有个小镇叫作哈佛,那里有一群可爱的孩子,他们最喜欢做的事就是利用自己的业余时间,跑到附近的火车上去卖爆米花,以此来挣取自己的零花钱。在这些孩子中间,有一个十岁的孩子最受大家注意,他叫米克,经常坐火车的人几乎都熟识了他的面孔,因为他卖的东西特别受大家喜爱,总是会被抢购一空。

那么,他的诀窍在于什么呢?其实,在车上他除了和其他的孩子一样吆喝外,还把奶油和盐拌匀后一起加到爆米花里面,虽然这个举动很简单,但是却能使他的爆米花更加美味可口。所以,他总是在上车没多久,手里的爆米花就卖完了。他知道不管什么东西只有比别人想得更好,做得更快,才能吸引到顾客。

有一次,突如其来的大风雪封住了几列满载乘客的火车,当时,他脑子里又冒出了一个新的想法,他立马赶制了许多普通的三明治带上了火车。结果,即便他的三明治味道不是很好,也很快卖完了。他懂得抢占先机,抓住机遇使他成功。

后来,夏天到了,这个时候,他又很有创意地自己设计了一个箱子,在边上刻出一个小洞,刚好可以放蛋卷,并在中间放上冰激凌。结果,这种新鲜的蛋卷冰激凌备受乘客的欢迎,小生意又火爆一时。

第六章
以结果为导向：行动落实目标，目标落实结果

其他的孩子，从一开始就跟在他的后面，这个火爆转卖这个，那个好卖又急着卖那个。一下子卖蛋卷冰激凌的孩子大增，此时的他意识到生意不好做了，干脆退出了竞争。果不其然，小生意变得越来越难做了，而他又因及时退出免受了损失。

导师箴言

如果不想在激烈的市场竞争中随波逐流，那么无论什么事，我们都要充分运用"快"的规则，想得快，做得快，"先下手为强"。只要什么事都能先人一步，这样我们就可以和别人拉开距离，让自己永远处于领先的地位。因此，想让自己站在更高的位置，取得更大的成就，必须比别人更"快"一步。

——NLP卓越商业导师 苏学锋

10
创造并满足需求，便可实现你要的结果

❋ 问题困惑

你的顾客是否经常和你说自己没有需求？他是真的没有需求吗？面对这个问题时，你该如何解决？

♞ NLP总裁智慧系统解码

人都是为了自己的需求而买单，一个人肯去掏钱买你的东西，必然证明他有这种需求。他身上有需求，所以他愿意付出金钱的代价来满足自己的需求。并且他的需求越大，就证明他愿意付出的金钱代价越大，他需求的紧迫程度，决定了他掏钱的速度。在一定的时空角中，他处于"弱势"。你不仅不用担心他的讨价还价，甚至还有机会提高自己的价格。

当你对一个人卖一件产品，而他却刚好没有需求的时候，也不要轻易放弃。他现在没有，不代表以后没有。因为需求不仅仅是根据客观环境而产生的，我们也能够去创造这样的需求。当对

第六章
以结果为导向：行动落实目标，目标落实结果

方感受到自己的痛苦达到一定程度，非要买你的产品才能解决痛苦的时候，他一定是最快掏钱的那一个。因此，可以这样说：你给别人创造"痛苦"的能力，就是你成交的能力。

经典故事

从前，有一位十分优秀的推销员，无论对什么样的客户，他都能卖出自己想卖的东西。因此，他被大家称为推销高手。

有一天，一个人不服气，便站出来挑战他："你要是能让詹姆斯先生买你的眼镜，那才叫厉害！"说这话时，他在想：像詹姆斯这样有气质的演说家，从来都只是花重金定做金边眼镜，压根不会在其他地方买眼镜的。你就等着出糗吧！

于是，这位推销员不远千里来到詹姆斯先生所在的城市，得知他近期有次演讲活动要在一所商学院召开。他打听到了詹姆斯先生的时间流程后，便跟了过去。在演讲当天，詹姆斯先生早早就吃完早饭。在去演讲会场的途中，这位推销员将他拦了下来，并真挚地问道："先生，您一定需要一副眼镜。您看看我这里的眼镜都挺适合您，只要50美元。"詹姆斯摇了摇头说："不！我并不需要您的眼镜！我自己有着呢。"

推销员笑了笑说："或许，未来你会需要的。"这时候，詹姆斯先生已经显得很不耐烦，他正想绕身而过，没想到一下子和迎面而来的滑板少年撞到了一起，他的眼镜瞬时掉在了地上。他正摸索着想要拿起眼镜，没想到滑板少年刚起身，就将眼镜踩了个粉碎。

"对不起，先生！真对不起！"滑板少年不停道歉。詹姆斯也抱怨着："真倒霉！"他看了看手表，演讲马上就要开始。于是，他对着推销员说："我要买一副眼镜，喏，50美元。"推销员笑着说：

"先生,现在眼镜300美元一副!""你简直是敲诈!"詹姆斯十分生气。

"不!我并没有,这副眼镜的价值的确在300美元,我只是想让您买一副眼镜而已。"推销员说。詹姆斯没再多想,立刻掏钱买了这副眼镜,急匆匆跑向会场。推销员数了数手里的钱,拿出50美元,递给了那位滑板少年说:"谢谢你的配合,这是你的酬劳。"

导师箴言

需求有时候是制造出来的,解决矛盾的高手往往也先制造出矛盾来。你看看那些电视广告中,面对皮肤问题,就把螨虫的影像不断放大,让人感觉若不清洁皮肤,就像虫子不断在脸上爬!光想想就知道有多么可怕!而某种产品能杀死这些螨虫,人们害怕遭受这样的痛苦,于是争先恐后地买单。其实,就是这个道理。

——NLP卓越商业导师 苏学锋

·导师语录·

★ 当你的目标足够明确,一切困难都可以克服。

★ 以结果为导向:想要得到结果,就需要调整创造结果的能力,保证结果的发生就要不断地调整能力,能力强就是方法多。

★ 给到对方不是对方想要的,不能让对方发挥能力;给到别人想要的,才能发挥有能力人的能力。

★ 人们不怕累,不怕耗时间,不怕辛苦,怕的是累了,辛苦了,却没有结果。

★ 做任何事情,风险把控很重要,企业经营得越大风险越大。

★ 要成功为成功者打工,要成功与成功者合作,要成功让成功者为我打工。

★ 此生不要小瞧身边的任何一个人,他可能是助你成功的贵人。

★ 行为由自己的能力产生,能力决定自己的行为灵性。

★ 有结果才有发言权,没有结果谁也不会听你的。

★ 你认识多少人不重要,重要的是多少人认识你。

第七章

"国"与"家"本为一体：
用心营造幸福港湾

　　"国家"，有"国"才有"家"，这是一个一体化的概念，是不可分割的两个部分。处在如今的时代中，我们树立崇高的理想信念，以"国家"最高概念来守护自己的疆土，呵护自己的家园！"大国"和"小家"我们都要引起足够的重视，用心营造幸福的港湾，我们置于其中，才能真正品味幸福！

——NLP卓越商业导师　苏学锋

第七章 "国"与"家"本为一体：用心营造幸福港湾

1

别变黏皮糖，婚姻需要"半糖主义"

❀ 问题困惑

有没有思考过，为什么你的丈夫（妻子）会越来越想远离你？你们相处的过程中，有保持一定的"安全"距离吗？

♟ NLP总裁智慧系统解码

"我要对爱坚持半糖主义，永远让你觉得意犹未尽，若有似无的甜才不会觉得腻。我要对爱坚持半糖主义，真心不用天天黏在一起，爱得来不易，要留一点空隙，彼此才能呼吸。"SHE在歌声中宣告爱情的"半糖主义"。

爱情有时候就是这么没道理，一对夫妻若结婚后两地分居，就会担心对方会不会变心；两个人黏得太紧，却应证了一句话"爱得太用力，爱就燃烧得太快"。半糖主义代表的是一种健康的生活态度，太苦的日子会使人沮丧失望；过甜的日子容易让人不识甜为何物，不懂珍惜。也许生命的最佳状态就是不回避烦恼与苦难，并学会给自己的日子加半勺糖，在若有若无间体味生命的香甜，领悟甘苦参半的人生真谛。

理性一点，在婚姻中，别让自己变成"黏皮糖"，要懂得为自己和妻子（丈夫）之间保留一点距离，也就保留了你们的感情，正如人们常说的，手中的沙子握得越紧，它就流失得更快。不懂"半糖主义"的人，总是一心向往"蜜糖主义"，结果到了最后，却只尝到了"蜜糖"的苦果。

经典故事

王艳玲是个难得的美女，周围追她的人很多，但是她从未接受过，她一直想要找一个自己喜欢的人。通过一次偶然的机会，一个叫王天宇的男人走进了她的世界，在看到他的第一眼起，王艳玲就确定了这是自己一直想要的那种男人，温文尔雅，帅气体贴。而他对王艳玲的第一印象也非常好，两人很快就确定了恋爱关系，并且谈了半年恋爱后，就在家长的极力撮合下，走进了婚姻殿堂。

结婚后，王天宇忙着打拼自己的事业，可是王艳玲还像恋爱一样，天天都想跟他黏在一起，因为她想把自己的全部都"介绍"给天宇。每天公司里发生什么事情、她的朋友、亲人有什么样的状况，她都要讲给他听。本来忙碌了一天，工作已经非常累了，她还要缠着他说个不停。

时间一长，王天宇有些受不了了，这一切根本不是他想要知道的，恋爱时间黏在一起的甜蜜，现在全都变成了折磨。更不敢想象的是，王艳玲担心他和别的女孩子走太近，于是每天都要亲自去他的公司楼下等，等他出来后坐车一起回家。好几次，都被他的同事撞见，调侃他说："你这是典型的'妻管严'啊！"虽然天宇也曾委婉地提

第七章
"国"与"家"本为一体：用心营造幸福港湾

醒过王艳玲，但她认为婚姻也应该保鲜，两个人之间就该坦诚相见，毫无隐藏，只有这样的感情才真实。

日子就这样过着，王艳玲的黏人神功越来越厉害，几乎挤压得王天宇没有一点私人空间。以前下班还想着回家，现在的王天宇只求能待在公司安静工作。最终有一天，王天宇再也忍无可忍，对王艳玲发了脾气，并说道："你要是再这样黏着我，我就什么也不用干了！工作也不用要了！咱俩也分开算了！"这个时候，王艳玲吓得愣住了，眼泪哗哗落了下来。

🍃 导师箴言

我们一定要给婚姻争取一个美好的生存空间，在遇到紧张情况的时候，随时要聪明地让婚姻突围。同时，我们也可以让自己多一点兴趣和爱好，给爱人多点独处的时间，也给自己更多的完善自我的机会。就像一杯白开水，如果不放糖，就会平淡无味；全糖，又太过于浓甜；半糖，不甜不淡，刚刚好。

——NLP卓越商业导师 苏学锋

2

婚姻的本质是等价交换，别让天秤失衡

❋ 问题困惑

为什么进入婚姻之后，你的不满或者是你爱人的不满越来越多？你是否想过：在这段婚姻中，你的位置是什么？

♘ NLP总裁智慧系统解码

谈恋爱的时候，两个人如胶似漆，眼中全是对方满满的爱意，可是踏入婚姻之后，两个人为了工作，为了家庭的生计开始变得忙碌。渐渐地，两个人之间的交流少了，差距却开始越来越明显了，于是矛盾也这样开始了。

在一段婚姻关系中，两个人就像一个天秤，你站在这端，爱人站在那端，一开始你们始终保持着平衡，可随着时间的推移，很多客观因素以及主观因素的变化，让你们渐渐地不再是同等的分量，你们的天秤也随之开始倾斜。

NLP总裁智慧系统认为：婚姻的本质其实就是等价交换。你当

第七章
"国"与"家"本为一体：用心营造幸福港湾

初选择他（她），必然是在他（她）身上找到了能够满足自己的东西。后来，你变得越来越好了，而对方却在平淡的岁月中，失去了你曾欣赏的那些优点，甚至觉得你们之间已经并不匹配了。想要挽回你们曾有的热情与甜蜜，就必须找到天秤的平衡点。

经典故事

何雯硕士毕业之后，也结束了长达八年的爱情长跑，接受了王文宇的求婚。赶上招聘季的时候，和其他同学一样，她也开始精心地准备简历、挤招聘会。那个时候，她觉得凭着自己硕士文凭，以及在报社、电视台实习的经历，一定能找到一份如意的工作。可没想到，在人才市场的海洋里，她根本渺小得不值一提。

想象和现实差距太远，她开始变得低落，这时周围不少朋友都和她说："你这样又何苦呢？你想想，等你老公留学归来，又是工科博士，那么多单位开价都是一万两万的。你干脆不工作，就在家写点小文章，赚点小钱，悠然自得不好吗？"于是她把档案往人才市场一放，选择了不工作。

可当最初的兴奋一过，才发现这样的生活过得并不美好。老公每天去上班时，何雯还在睡大觉，中午一个人在家随便吃点将就着。一整天就呆在家里穿着睡衣到处晃悠。于是她开始觉得失落、觉得不快乐，渐渐地脾气越来越坏，动不动就发火，家庭矛盾也随之产生。而且她发现老公和她的共同语言越来越少，老公闲着的时候就上网，两人之间的交流也越来越少。

深夜梦醒的时候，她不断地追问自己：这真的是我想要的生活吗？答案是：不。我要独立，不是因为别的，而是需要。于是，趁着老公到上海去发展的机会，她开始像一个应届毕业生一样，走上了求职之路。

终于，她在一家报社开始做编辑。尽管工资不高，却让她觉得很踏实。她说："在这个人才济济的城市里，我看到了太多优秀的女人怎样生活。如果你问我，现在累吗？的确有点累，但我很满意。现在，见到我的朋友总说我比以前更有神采了。"而且，让她意外的是。她和老公的关系也越来越好。

导师箴言

夫妻感情想要一直保持热度，就要一直和对方处于"同频"的状态中。为什么有的夫妻一吵架就会说：没办法和你沟通，不是同一个世界的人！这就是告诉我们：夫妻一定要跟紧彼此的步伐，当你跟不上对方的脚步时，你们的差距就大了，婚姻也就开始失衡了。

——NLP卓越商业导师 苏学锋

第七章
"国"与"家"本为一体：用心营造幸福港湾

3
在爱面前，有效果比有道理更重要

❀ 问题困惑

在家里，你是不是常常和爱人发生争吵？每一次，你都喜欢拿道理来压人，可是为什么最后辩论清了道理，却达不到你想要的结果呢？

♟ NLP总裁智慧系统解码

有句话说得好："舌头没有不碰腮的"。夫妻在一起生活的时间长了，难免会出现一些小摩擦，智慧的夫妻会尽量避免争吵，即便争吵了，也能用正确的方法解决。但有些夫妻就不同了，每个人都不肯让步，步步紧逼，结果到最后，这样的争吵无止无休。每天在家里，都是硝烟弥漫，还有什么幸福可言呢？

现在中国的离婚率每年都在不断递增，离婚的各种原因大都被"性格不合"这四个字所代替，但事实真是如此？并不是。很多人离婚始于冲动。其实，让那些每天争吵不断的夫妻仔细想想，也许就会发现，婚姻中很多的争吵，往往都是因一些不值一提的小事情而引发的。

NLP十八条前提假设中，曾提到：有效果比有道理更重要。只追求有道理但无效果的人生，难以有成功和快乐的经验。放在家庭中，这个道理一样适用。家是讲爱的地方，不是讲理的地方。当夫妻之间出现问题时，问问自己：我想要什么效果。得出的答案，就会支配你的语言和行动。

 **经典故事**

陈洋下班回来，像以前一样从报摊买了一份《北京晚报》，回到家之后就津津有味地看起来。一个小时之后，他把这份报纸看完了，随手扔在了沙发上。他的太太是一个爱干净的人，她很快就发现了这张扔在沙发上的报纸，有些生气地对他说："别把报纸扔在沙发上，我和你说了多少次了，你怎么就是记不住呢？快点把它拿走。"

被妻子数落一顿，陈洋有些不高兴。但他当时正在喂金鱼，便胡乱地答应了妻子，很快就忘了这件事。喂完金鱼之后，他又去自己的书房找了本书来读。吃饭的时候，他的太太发现那张报纸还放在沙发上，便非常生气地对他说："我让你把报纸放到别处，你怎么还没有拿走？我每天都把屋子收拾得干干净净，可你一回来就把屋子弄得乱糟糟的，你知道你很烦人吗？"

陈洋非常生气，对妻子说："你为什么要喋喋不休，不就是一张报纸吗？"他的妻子见他不仅不承认自己的错误，还出言反驳自己，更生气了，大声说："你和你妈妈一样，都是懒惰的人。出生在一个有修养的家庭的孩子，决不会像你这样。"这下陈洋被激怒了，大声

第七章
"国"与"家"本为一体：用心营造幸福港湾

说："你说什么？你为什么要侮辱我的母亲？她难道招惹你了吗？你才是一个蛮不讲理的人，而且你的父母也是这样的人。"

听了陈洋的话，他的太太也被彻底激怒了。于是，两个人无休无止地争吵起来，把以前对方做错的那些事情都搬了出来。吵到最后，她的太太忍无可忍，生气地离家而去，并且大喊着要和他离婚。这下，陈洋慌了神，不知所措的他赶紧给认识的心理学博士打电话，询问该如何解决这件事。这位心理学博士告诉他："很简单，你去道个歉，告诉她你很爱她，然后紧紧抱住她就可以了。"陈洋照着他的话去做了，果真得到了理想的效果。

导师箴言

夫妻发生不愉快的时候，两个没有智慧的人就会顶牛到底，站在各自以为有"道理"的角度，去相互攻击对方、伤害对方。其实何必呢！有效果比有道理更重要，如果你所谓的道理并不能给你想要的效果，你就应该放弃它，跳出原有的思维框架，找到有效果的解决方式。

——NLP卓越商业导师 苏学锋

4

孩子不是看你怎么说的，而是看你怎么做的

问题困惑

现实生活中，你总是希望孩子按照你的要求去做事，而且为他（她）指明的路，都是为他（她）好，可是他（她）却偏偏不听，为什么呢？

NLP总裁智慧系统解码

有很多父母，总是喜欢指挥自己的孩子，偏偏孩子却不听话，其根本原因在于孩子对你说话压根不相信，他不认为你所说的，就一定能达到他想要的效果。因此，他才抗拒你的指挥。想让他乖乖听话，就要让他对你心悦诚服。

有很多父母，自己都不学习，天天喊着让孩子学习；自己都不洗衣服、洗袜子，让孩子自动自觉洗衣服、洗袜子；自己不爱吃青菜，天天告诉孩子要吃青菜。孩子都以父母为榜样，榜样都做不到，孩子为什么要去做？

第七章
"国"与"家"本为一体：用心营造幸福港湾

NLP总裁智慧系统中，曾提到：孩子不是看你怎么说的，而是看你怎么做的。父母只有真正做到言传身教，才能潜移默化地影响孩子。只要父母尽全力做到了，孩子就会觉得父母是一个可信赖的人，他会自然而然地朝着你指引的方向进发。

经典故事

王翔的儿子不爱学习，经常和周围的同学打打闹闹，上学时也经常调皮捣蛋，光因为打架的事情，他就被通报批评好几次，王翔也因此频频被老师请到学校。回到家里，他总是教育儿子："你看看你，现在不好好学习，以后能有什么出息呢？周围有几个像你这样的孩子，天天就知道打架，惹是生非，我为了你总是跑学校，你觉得很光荣吗？"

往常儿子都是不吱声，自己默默吃完饭，然后回到房间里去，这一次，他倒反嘴说道："妈妈说，你也不学习呀！不也过得好好的吗？为什么我就不行？你就是个大骗子！我才不信你说的话呢！"这一句话，顿时让王翔愣住了。

从那天之后，王翔再也不说让儿子学习的话了。他把儿子说的话，讲给周围的朋友听，结果周围的朋友也都说他："你儿子说的也没错呀！你看看你自己都不爱学习，让孩子学什么习。有句话叫言传身教，你这自身都做不好榜样，孩子怎会听你的？"王翔一听，觉得很有道理，那该怎么让孩子听自己的话呢？

后来，王翔想：不就是言传身教么，我要是学习了，孩子就没理由挑我的不是，我教育他也是应该的。就这样，王翔开始端起了书本，每天都要在家里学习一两个小时才睡觉。半个月后，儿子追在他后面问："爸爸，你看什么书呀？能让我看看不？"王翔说："你不

是不爱学习吗？这是爸爸学习的，你不能看。"说完，就特意把书放进了书柜里，出门了。

半个小时后，王翔从外面回来，透过门缝，看见儿子坐在自己书桌前正看书呢。从那之后，孩子的学习，王翔再也没有管过，而且不知不觉间，孩子还主动要用零花钱买书看，真正成了一个小书迷。

导师箴言

俗话说得好："身教重于言教。"若是孩子都不曾见过父母学习的身影，父母再让他学习时，他就会很有理由地说："你都不学习，凭什么让我学习呀？"就像上面故事中的小孩一样。但若是父母本身酷爱学习，孩子经常看到父母在伏案苦读，那他自然会主动向父母学习、以父母为榜样。

——NLP卓越商业导师 苏学锋

第七章 "国"与"家"本为一体：用心营造幸福港湾

5

记住：孩子不需要过分的"批评家"

❀ 问题困惑

为什么你在家里教育孩子时，他（她）不是心不在焉，就是左耳进，右耳出，甚至他（她）还会嫌你讲话太烦，干脆捂起耳朵来不听？

♟ NLP总裁智慧系统解码

在批评孩子的时候，父母绝对是出于好意，他们的目的就是为了帮助孩子纠正缺点。但是很多父母根本掌握不好尺度。例如：孩子一次成绩没考好，父母就对他说："我们怎么生了你这样的儿子！真是笨蛋。"孩子撒了一次谎，父母就给他贴上了不诚实的"标签"。这样做，不但孩子的缺点改正的几率很小，相反，他们会慢慢承认家长给他贴上的"标签"。

父母这种批评孩子人格的行为对孩子的成长是很不利的。而且对孩子来说，假若挨骂变得像家常便饭般的轻松平常，久而久之，他对任何的责骂都会无动于衷；同时他也会因此而丧失自信心，甚至连说话都表达不清楚；而父母的责骂与劝告以后也变得像耳旁风，没有丝毫效果。

其实，孩子的心灵很脆弱，尤其是在他人格还尚未健全的时候，是需要父母的支持和引导的。这个时候，父母如果不能用正确的方式去培育自己的孩子，就很容易将孩子带入"歧途"。永远记住：在成长的路上，孩子需要的并非是"批评家"；友善沟通起到的效果，绝对比"批评"要好得多。

经典故事

近期，王琴感觉女儿的数学成绩下降得非常厉害。在以前，女儿是非常喜欢数学的呀！一天，女儿放学后，王琴跟在她后面进了卧室，问道："乖女儿，最近数学成绩怎么下降这么快呀？"女儿看了看她说："我不喜欢学数学了，以后我都再也不会学了。"看女儿这种态度，王琴顿时很气愤，忍不住吼道："你想学就学，不想学就不学，怎么这么任性！你知不知道老师给我打多少次电话了？你不丢人，我还觉得丢人呢！"

王琴的吼声吓到了女儿，顿时嚎啕大哭。王琴看到孩子哭，不仅没有哄她，反而对着她一直批评。直到王琴的老公陈勇回到家里，看到眼前这一幕，马上阻止了王琴继续说下去。了解事情的真实情况后，陈勇对王琴说："哪有你这么教育孩子的！孩子在那儿一直哭，你说这些她能听得进去吗？"

王琴气哄哄地扭头进了厨房，"你厉害，以后孩子你教育。孩子学习成绩下降，还不让我说几句。"陈勇抱起女儿，先是平复了她的情绪，之后再侧旁敲击地问她："最近怎么不玩新买的娃娃了？"女

第七章
"国"与"家"本为一体：用心营造幸福港湾

儿说："都旧了，别人拿的比我的好看。"

"是不是娃娃旧了让你心情不好了，所以不愿意学习了，以前最爱的数学课也不听了是吧？"陈勇耐心地问着。女儿嘟了嘟嘴说："才不是！我上课举了好几次手，可是老师就是不叫我回答问题，我觉得她不重视我了。"陈勇想：原来是这个原因，她就不喜欢数学了。这件事如果处理不好，说不定孩子以后就会放弃数学这门课程呢。

陈勇知道孩子是非常感性的，哪位老师喜欢她，她就会喜欢哪门功课。于是他让女儿想想，是不是每节课每个小朋友都被叫到回答问题呢？女儿说："不是，有好多同学都没有回答问题的机会。"

陈勇又开导她："那是因为老师知道你已经真正掌握了这些知识，不用让你通过回答问题的形式来巩固了。"女儿说："对呀，老师提问的同学都是数学成绩一般的，老师是想通过提问他们的方式，让他们巩固这些知识的。"陈勇赶紧接道："那你还说老师不重视你，老师是觉得你很棒，才没叫你的。"女儿一听高兴了起来："原来是这样啊！那我以后一定好好学，让老师更重视我。"

导师箴言

每个人都有属于自己的人格，教育孩子的最大前提就是要尊重孩子的人格。当父母对孩子的语言和行为非常不满意时，情绪难免会激动，责备的形式也可能有不尽如人意之处。这时候，只有父母尽量冷静下来，多了解孩子、多分析孩子的心理，去进行有效的沟通，才能实现真正的想达到的教育效果。

——NLP卓越商业导师 苏学锋

6

重复旧的做法，只能得到旧的结果

❋ 问题困惑

在和孩子沟通时，你是不是常常碰钉子？渐渐地你会发现，孩子正在逐渐抗拒自己，疏远自己，你知道这是为什么吗？

♞ NLP总裁智慧系统解码

很多家长，在和孩子沟通方面都有着很大的问题，原因是他们总是在固守"阵地"，永远只用自己认为正确的方式，去和孩子打交道。举个例子：孩子总是挑食不好好吃饭，很多家长就在孩子吃饭的时候，要求孩子好好吃饭，不要挑食。孩子当时是改掉了，可是等到第二天的时候，你会发现：孩子又像往常一样挑食。于是你只能再说，每天都重复，可是就是达不到你想要的效果。

这证明什么？你的做法，孩子并没有从潜意识接受。NLP总裁智慧系统认为：做法不同，结果才有可能改变。如果你做的事情没有效果，你要赶快改变自己的做法了。我们要主动地去改

第七章
"国"与"家"本为一体：用心营造幸福港湾

变。如果你改变了，孩子还没改变，那说明什么呢？说明改变的方法还没有效果，但是结果已经产生了改变的可能性，也就是每一个问题都有三个以上的解决方法。

因此，对于父母而言，在和孩子进行沟通的时候，一定要不断地去修正自己的观念、方法，正所谓：具体问题具体分析。不同的事情，你要用不同的方法和策略，在不断地尝试中，你总会找到一种你认为最适合自己孩子沟通的方法，从而增进你们的感情，也便于你未来对孩子的引导和管理。

经典故事

一天，丁艳丽拖着疲惫的身体回到家，还要为家里人做饭。这时，上幼儿园的儿子让她陪着一起做游戏，可是她心里正在为工作的事情而犯愁，于是说："你这孩子，我都累了一天了，现在还要给你们做饭，哪有时间陪你做游戏呀！自己去玩吧！"

她的儿子看了看她，忽然之间嚎啕大哭起来。丁艳丽一下子变得手足无措，于是抱着他开始哄。无论她说些什么，儿子就是不停地大哭，一直持续很久，哭累了，才算安静了下来。晚上，丁艳丽做好了饭，去喊儿子吃饭，他却把房门反锁起来了，怎么叫他都不肯开门。这让本来就疲惫的她，变得更加心烦不已。

没过几天，她再次下班回家的时候，儿子看着她似乎很高兴："妈妈，一会儿咱们去公园玩好不好？"其实这一次，她手里还有很多工作要做，但想到前几天发生的那一幕，她决定换一种方式跟孩子沟通一下，于是她说："宝贝，妈妈现在手里面还有工作要做，就像你留的作业，妈妈也要写公司留的作业。这样好不好，等妈妈写完了，妈妈就带你去公园玩，你看可以吧？"

儿子听完她的话，点了点头说："好吧，妈妈，那你先忙吧，我也去写作业，咱俩写完了，一起出去玩。"丁艳丽摸了摸儿子的脑袋，笑着说："宝贝真乖。"

导师箴言

做法不同，结果才会不同，如果家长教育孩子的方式根本没效果，那么请改变你的做法。记住：任何新的做法都比旧的多一分成功机会。想让孩子改变，首先你就得先改变自己。很多家长不懂这个道理，因此一直没有办法进入到孩子的内心世界。

——NLP卓越商业导师 苏学锋

第七章 "国"与"家"本为一体：用心营造幸福港湾

7

百善孝为先，用行动感恩父母

❀ 问题困惑

我们总是口口声声地说自己爱父母，可是在生活中，我们真正为父母做的事情却屈指可数，嘴上的爱固然动人，可是实际动才真正暖人心，你说是吗？

♞ NLP总裁智慧系统解码

在人的一生中，对自己恩情最深的莫过于自己的父母，是父母给了我们生命，是父母含辛茹苦养育了我们，我们的成长凝结着父母所有的心血。正因如此，我们要牢记父母的恩情，无论未来的我们有如何大的成就，都要对父母怀着一颗感恩的心，真真切切地为他们去做点什么。

都说：百善孝为先。孝顺如同空气一样充斥在我们的周围，平时我们没有察觉，但是如果一个人失去它，意味着他将无法在社会上生存。当我们真正领悟了什么是孝道，并且用我们的言行努力去践行，才能真正领会爱的真谛，才能真正享受和体会爱的温暖。

很多人都觉得我们有大把的时光可以挥霍，却不曾想想：父母的时光不能和我们等同。我们的孝顺之心，禁不起等待，因为父母年老的速度真的要比我们想象中要快太多。岁月，禁不起蹉跎，其实，爱又何尝不是呢？

经典故事

有一个女孩子大学刚毕业，被一个朋友推荐到一家集团公司应聘。这天，刚好是公司总裁接待她。两人经过简单的交谈后，总裁问她："平时在家里，你为你的妈妈擦过背、洗过脚吗？"这位女孩子很纳闷总裁为什么会问这样的问题，便如实回答说没有。这位总裁听后，就要她回家为妈妈洗过脚或擦过背后再来面试。

这位女孩子走出这家公司的大楼，立马就给自己的朋友打电话问："你说，给妈妈擦背洗脚与我今天应聘这个职位有什么关系吗？"朋友说："好像没关系吧，但是既然人家提出了，你就做吧！"放下电话，她想了很多事：从小到大，妈妈为了能够让她安心学习，从来都不让她做其他事情，而她也从来没有想过帮妈妈做过一件事情，哪怕是帮妈妈打洗脸水这样简单的事情，何况为妈妈擦背洗脚。

这位女孩子回到家里，想着那位总裁的话，虽然觉得纳闷，但还是端来了一盆热水给妈妈洗手洗脚。第一次与妈妈离得这么近，她内心感到无比的温暖。她双手握着妈妈的脚，发现妈妈的脚非常粗糙，结满了老茧，甚至都有点变形了。她顿时百感交集，热泪盈眶。这时她才明白，从小到大，妈妈这么用心照顾着自己，一直在她背后为她

第七章
"国"与"家"本为一体：用心营造幸福港湾

默默地付出，而自己却从来没有关心过妈妈。

这次洗脚，让她对妈妈的爱，对妈妈无私的奉献精神有了深刻的体会和认识；经过这次洗脚，也唤醒了她对母亲的孝心，是该报答母亲的时候了。第二天，她再去面试时，真切地向总裁报告了给妈妈洗脚的感受。总裁听后，欣喜地录取了她。

🍃 导师箴言

作为子女，我们有时候真该好好反省自己，在生活中，真的尽过孝道吗？那些看似简单的事情，又有多少子女为父母真正做过呢？要知道，我们从小到大，都是父母在我们身边精心照顾着我们，我们能成长得如此顺利，父母有很大一部分的功劳。因此，我们也应该懂得关心父母、孝顺父母。

——NLP卓越商业导师 苏学锋

8
陪伴，是对父母最好的爱

❀ 问题困惑

给父母的电话，你似乎总是那么匆匆，挂了电话后，父母是恋恋不舍，而你却早已把思绪转到了别的事情上。父母最盼望着的是逢年过年，你知道为什么吗？

♟ NLP总裁智慧系统解码

孝顺父母，是中华民族的传统美德，是我们每一个人都应该尽心尽力去做的事情。对于上了年纪的老人，做子女的理应关怀备至。这种关怀不单单只是物质方面的给予，更重要的是精神上的呵护。

在实际生活中，很多年轻人都认为：自己只要给父母足够的钱，保证他们衣食无忧，就算是尽孝了。实则不然，年迈的父母，最需要的关怀并非是那些冷冰冰的金钱，恰恰是子女的陪伴。

父母理解子女在外打拼的不易，也不想自己成为他们的枷

第七章
"国"与"家"本为一体：用心营造幸福港湾

锁，所以常常无法言表，只能多加嘱咐，可心里的渴求却是那么得显而易见。有句话说得好：陪伴，是最好的爱。钱可以慢慢去赚，但是错过陪伴父母的时间，我们将再也没有机会去挽回。

经典故事

当年CCTV的那个公益广告——《常回家看看》也许至今还徘徊在我们的脑海。短短不到一分钟的视频里，一位老母亲准备好一桌的饭菜，期待着儿女回来，结果没过一会儿，却频频接到儿女打来的电话……

儿子打电话说："妈，说好今天要回家看您的，可公司要请客户吃饭，今天回不来了。微波炉用的还方便吗？还缺什么吗？""不缺，什么都不缺。"老母亲说道。忽然间，孙子的声音也从电话那端传来："奶奶，我们周末的时候去游乐园玩。奶奶再见。"

老母亲一阵失落，这时女儿的电话又打来了，她赶忙接起，只听见那端说道："家庭影院看得怎么样啊？我去健美班，今天不回家了。"老母亲还未等说点什么，那边的电话已经挂断了，无奈，她只能叹了口气，说："忙，都忙……忙点儿好啊！"

然后，到了晚上，老母亲一个人看着雪花点点的电视机，一阵孤独瞬时间包围了她，让人感觉莫名心酸。随着时间一点一滴地流逝，这位老母亲就这样蜷缩在沙发上睡着了。广告的末尾，一个男声说道："别让你的父母感到孤独，常回家看看。"

导师箴言

在这个快节奏的社会中，我们计算着太多的东西：工资、房价、水费、电费……可唯独忘了算一算陪伴在父母身边的时间。

父母把我们从小养到大，我们在爱与陪伴中成长，可如今，我们却不能回馈相同的爱与陪伴。父母年老了，别让他们感到孤独，你的真情陪伴，就是他们最渴望的温暖。

——NLP卓越商业导师 苏学锋

第七章
"国"与"家"本为一体：用心营造幸福港湾

9

报效祖国，用实力为国家做贡献

❋ 问题困惑

成长至今，无论你现在处于什么样的身份、什么样的位置，你有没有仔细思考过自己与国家的关系？有没有真正切实地为国家做点什么？

♟ NLP总裁智慧系统解码

提起"报效祖国"四个大字，大多数人的脑海中浮现的都是那些为国捐躯的革命烈士，他们抛头颅、洒热血，用宝贵的生命尽忠于祖国；还有那些在国际上获奖的科学家，政治家，军事家，他们为祖国科技的发展做出了突出的贡献；还有那些同样为国争光的体育健儿们，为祖国的体育事业增光添彩。

但细想起来，报效祖国其实也涉及到我们每一个人。国家兴亡，匹夫有责。这句话从小到大，一直盘桓在我们每个人的耳边。我们是国家的一部分，自然要为国家的兴旺发达和长治久安，贡献出属于自己的一份力量。

NLP总裁智慧系统认为：强国是我们每一个人的义务和责任，是思想框架中最博爱的一部分。我们要胸怀大志，抱着一颗真实的爱国、强国之心勇往直前，大胆创新，通过自己不断地学习，提高自身的能力和水平，为我们越来越强大的祖国贡献一份力量。

经典故事

1942年，毕业后的吴大观没过多久就被选送到美国莱可敏航空发动机厂进行深造。他在该厂学习期间，从零部件制图到整台发动机设计性能计算，从部件试验到整机试车，都经过了系统的学习锻炼，仅用4年时间就基本掌握了活塞式发动机设计的全过程。

1946年，吴大观作为美国自动车工程师学会学员，他利用业余时间，开始研究喷气技术，这给他以后从事航空发动机设计工作奠定了理论基础。在美国的那段学习生涯中，吴大观广泛接触公司各阶层人员，在技术领导、工程师、车间工人中广交朋友，并借此宣传中国。

那时，中国科技并不发达，美国人看不起中国人，这极大地刺痛了吴大观的民族自尊心。他拒绝美国有关单位的高薪聘任，毅然回到祖国。回国后，他被安排到贵州大定航空发动机厂广州分厂工作。当时南京国民政府腐败，已不可能再搞什么航空发动机研究，他不得已愤然离职。

1948年，吴大观在北京大学工学院机械系任专任讲师，讲授航空发动机设计及齿轮设计和加工两门新课，颇受同学们的欢迎。吴大观从实践中认识到，发展航空事业唯有依靠中国共产党。他到达解放区时，心情万分激动，对家人说："我们现在到了我向往的世

第七章
"国"与"家"本为一体:用心营造幸福港湾

界,祖国的航空事业,祖国的繁荣昌盛全靠共产党的领导,我要为它而献身。"

从此,吴大观走上了新的航空强国之路。通过努力,他为我国的航空事业作出了巨大的贡献,被誉为"中国航空发动机之父"。他毕生致力于适合我国国情的新型航空发动机研制方法和程序的研究,主持研制了多种型号的发动机,并培养了几代专业人才。

导师箴言

"一心装满国,一手撑起家,家是最小国,国是千万家",这脍炙人口的歌词,让我们领略了中华儿女的满腔真情。有国才有家,国强则家强,国家永远是我们每一个人最坚固的堡垒。因此,我们要奉献自己的力量,助力我国经济、政治、文化等领域事业不断发展,让全世界人对我们刮目相看。

——NLP卓越商业导师 苏学锋

10

慈善公益满天下，大爱温暖千万家

问题困惑

人都有私心，但是放在国家大爱面前，个人的私心就显得微不足道。播种种子，才能拥有果实；同样付出爱，才能收获爱。这个道理，你明白吗？

NLP总裁智慧系统解码

奉献爱心，做慈善事业的人向来受人敬重，尽管这件事很平常，但这件平凡的事经常发生在自己的身边，却根本无心注意过。人之初，性本善。在每个人内心深处都怀有爱心，每个人都可以奉献自己的爱心。我们永远不会忘记汶川地震中的人们，他们正是因为有无数人的爱心帮助，才重新感受到快乐和温暖，才重新走进新的生活。

雷锋曾经说过："人的生命是有限的，可是为人民服务是无限的，我要把有限的生命投入到无限的为人民服务中去。"雷锋

第七章
"国"与"家"本为一体：用心营造幸福港湾

做的好事是无数的，他那种大爱的胸怀比山还高，比水还深，也因如此，至今被人铭记。

NLP总裁智慧系统认为：一个真正有价值的人，不单单是为了自己和家人创造财富，创造幸福，更应该将它们化作大爱，广泛传播于人间。这是正面价值观的体现。我们是家的一份子，同时也是国家的一份子，更是世界的一份子，我们是人类共同体，应该相互呵护与奉献。当我们把爱心奉献给别人的同时，自己也会收获更多快乐。

经典故事

大家都知道著名歌手韩红，她不仅歌儿唱得好，更重要的是她有一颗善心。也正是因为她的这颗善心，才让她在歌手之路上长盛不衰，更加红火。

韩红身边有一位助手叫小戴，在小戴手里有一张韩红自己设计的时间表，时间表上写着："50%用于慈善，30%用于团里的工作，剩下的一小块时间才是各种演出。"《环球人物》杂志记者和韩红的三次接触，就有两次在慈善活动现场。"过去两个月，她几乎没怎么闲着，但商演只有一两次。并不是不在意商演，而是时间有限，慈善比商演更重要。她对我说过，'从做（慈善）的那一天开始，就要把它做到老。'"小戴说。

问韩红为什么选择慈善，她很动情："我只是芸芸众生里最普通的一个，一名歌者，一棵小草，一粒尘埃，在这个繁杂的世界蹒跚前行，遇到很多善者，很多好人。于是告诉自己，有生之年要做善良之人，发愿用更多的善良回馈人间，随喜平安。"

韩红做慈善已经不只是简简单单的善举，她已经把慈善当成了

一种终生的事业,这种付出爱心的方式让她生活地更加充实,更加快乐。这些年来,她总是这么说:"没有善心,这个世界无法美好。"为了让这个世界美好起来,她一直在坚持。

导师箴言

一个人只有像爱自己那样去爱别人,别人才会给你同样的回报。人人需要真情,真情为我们创造美丽和谐的生活环境。善心如水,孕育着人间真情,当我们改变自己的态度,愿意拿出爱心去奉献的时候,其实也在潜移默化地影响着他人。为社会创造爱与温暖,我们每个人都有责任。

——NLP卓越商业导师 苏学锋

导师语录

★ 任何一个人赚钱都需要别人的支持，家人的支持最重要。一个人想要成就大事业，必须要得到家人的支持，彼此多一份力量、理解、包容。

★ 没有一个孩子不想优秀，只是大家认为的目标和路径不同而已。

★ 为了自己的事业忽略的不只是家人（父母、伴侣、孩子），还有自己（健康）。

★（潜意识不觉察）对的想法可以支持，错的想法可以转移。想要孩子优秀，就要建立孩子的存在感、建立自信感。

★ 感情是建立在利益之上的，当利益发生冲突，亲人与亲人之间都会有矛盾。

★ 企业想做大，就要跟随国家的发展趋势，国家和政府就是咱们的亲爹亲妈。

★ 听着简单是因为汇聚了生活工作中点点滴滴，简单不代表没效果。

★ 孩子不听话是因为父母不成长，不成长的父母难以驾驭孩子的不断提升的思维。

★ 亲子教育当中，孩子的哭闹不应是"成交"的筹码。

★ 沟通的意义：有爱就要大声地说出来。

第八章

心灵建设版图：
打造属于自己的幸福源

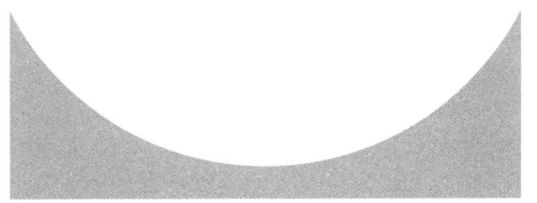

　　心灵，是人类感知幸福的源泉。当一个人的心态向往着阳光，那么他的生活一定充满了快乐和幸福；当一个人的心态向往着阴暗，那么他的生活一定充斥着忧愁与烦恼。幸福的感觉，来自于个人内心深处的选择！

——NLP卓越商业导师　苏学锋

第八章
心灵建设版图：打造属于自己的幸福源

1
抱怨没有用，一切靠自己

❀ 问题困惑

世界上所谓的公平真的存在吗？如果我们没有办法和别人"平等"，该如何去面对这样的现实？或是如何改变？

♟ NLP总裁智慧系统解码

很多人，都喜欢讲公平，可事实是：没有绝对的公平，只有相对的公平。有的人出生就是富二代，有佣人精心照料；有的人出生却连一口热汤都喝不上，还要挨冻受饿。有的人身体健康，四肢健全；有的人却疾病缠身，天生残疾。

这些灾难和不幸，似乎都不是自我造成的。于是，有的人就抱怨连连，而放弃了主观的努力。这样做，对自己的人生发展毫无意义。既然已经如此，我们应该思考的是：我该如何改变？世界上有天生的富贵，但同样也有努力拼得的成果。

与其抱怨世界不公，不如让自己变得强大。因此，我们应该正视现实，不要只顾着去羡慕他人的生活。"人的一切痛苦，本质上都是对自己无能的愤怒。"这是王小波曾说过的一句话。如果你以成功人生的生活标准来要求自己，而自己又没付出那么多，那你就只能给自己带来痛苦了。

经典故事

　　从出生的那一天起，对崔万志而言就是不幸的，医生诊断出他患有天生的小儿麻痹症，腿脚的不便，让他日后的生活变得十分艰难。上学期间，他经历了无数次的嘲笑，但是他志比金坚，从未放弃自己。

　　在他的努力下，1995年的夏天，他经历了高考，怕附近的大学不要他，即便是拿了高分，他还是选择报考离家很远的一所大学——新疆石河子大学。他选择了经济管理专业，上学期间他的生意头脑就显现了出来，和那些还拿着父母的钱读书的大学同学相比，他着实优秀太多，通过倒卖随身听、磁带等方式，他赚来的钱已经足够自己用。

　　1999年夏天，他毕业了，原本信心满满的他，却遭遇了前所未有的重创，这种精神上的打击，让他一辈子刻骨铭心。但是反过来想，正是因为这种折磨，才铸就了往后事业的腾飞。那时的他，在一片懵懂与憧憬中，回到家乡合肥并继续着持续了几个月的找工作生活。从7月到9月，为了找到一份足以谋生的工作，崔万志共投出了200多份简历。

　　理想很丰满，现实很骨感。他被所有人才市场的企业拒绝的理由只有一条：残疾。印象最深的一次招聘会上，某家企业招聘一名雇员，共有200多人现场排队等着参加首轮的现场面试，崔万志当时排在第一位。但是面试主管看到崔万志肢体上的不便时，当着招聘

第八章

心灵建设版图：打造属于自己的幸福源

大厅所有人的面，把他从人群里拉了出来。"走，一边去，别挡着别人。"红着脸走出人群的瞬间，崔万志在心里默默许下誓言："总有一天我会来这个展位招人。"

从那之后，崔万志放弃了找工作，他开始去天桥摆地摊。几个月之后，留意到商机的他，用自己摆地摊的钱和从亲戚那里筹借来的钱，开了一家书店。此后的几年里，他不断摸索着，又相继开了话吧，百货店……后来，嗅到互联网气息的他，又向银行借了四万元钱开起了网吧。随着不断地深入，他接触到电子商务，开起了网店，成立了自己的品牌女性服装——蝶恋。

如今他所创造的蝶恋品牌是淘宝上最受欢迎的女装品牌之一，品牌旗下多家淘宝店已经荣升"金冠"店铺，而他自己也因为在电子商务方面的突出成就而被淘宝网评为"全球网商30强"。后来，在超级演说家第三季的时候，他站在舞台上意气风发地演讲着，他深情而有力的话语感动了在场的每一个人，尤其是那句：抱怨没有用，一切靠自己！

导师箴言

就像崔万志在演讲中所说的那样：世界其实就是一面镜子，它一直在照射着我们的内心，我们内心是什么样子，这个世界就是什么样子。选择抱怨，我们内心就会充满痛苦、黑暗和绝望；选择感恩，我们的世界就充满着阳光、希望和爱。

——NLP卓越商业导师 苏学锋

2

最美的风景，就在我们身边

问题困惑

人生中最美好的东西是什么？最值得珍惜的东西是什么？也许一千个人就有一千种答案，那你的答案呢？

NLP总裁智慧系统解码

小时候的我们，都曾经那样无忧无虑，看着周围的景色和身边的人，生活是如此地欢快。可随着一天天地长大，我们的视线早已转移。如今，我们只关心自己能挣多少钱，能有多少权。快节奏的时代，让我们只能不停地追逐，我们太过匆忙，一心奔赴向往的目的地。可是当我们真的到达目的地的时候，会不会才发现：原来，自己竟然在无意间错过了那么多的人生美景。

慌慌张张，匆匆忙忙，日子不再是书本中的那首优美的诗篇。每天三点一线地穿梭在人群之中，在这喧嚣繁杂的尘世间，我们总是强迫着自己去应付那无穷无尽的工作琐事、情感烦恼，

第八章

心灵建设版图：打造属于自己的幸福源

久而久之，我们忽略了心灵的休憩。心灵的草场因此变得一片荒芜，我们若还没有时间，没有精力去修剪，那么渐渐地，它就逐渐变得杂草丛生。

想要真正享受美好生活，前提是必须拥有宁静的心灵世界。其实，无论是谁，都需要一个可以遮风挡雨的宁静港湾。当我们在人生路上感觉疲惫的时候，不妨暂时把生活的琐碎和工作的压力抛在脑后，去欣赏一下周围的风景，让自己的心灵暂时安歇下来。关心自己的心灵，才是我们人生旅程中最终极的意义所在。

♟ 经典故事

六月中旬的时候，陈思阳被上级领导指派去西安拜访一个客户，上了火车之后，不仅闷热不已，而且还拥挤不堪。没有买到坐票的他，只能拎着行李站在了过道中。他心想：这么长的路程，中途一定有人陆续下车，一定可以占个座位的。陈思阳和一位老人并肩站在靠窗口的地方。陈思阳平时就总坐着，不习惯这样长时间站着。于是，陈思阳问邻座的男子："大哥，你在哪儿下车？"男子说："下一站。"陈思阳很高兴，打起精神准备着占这个座位。

半个小时后，火车到站了。很多人上车下车，秩序变得混乱起来。那位男子站起来准备下车，陈思阳正要坐在刚空出的座位上，一位壮汉却以很快的速度抢占了。陈思阳心里很郁闷，怪自己行动不够敏捷，只好还是在那里站着。

一会，陈思阳听见身边的那位老者发出一声叹息。陈思阳看了他一眼，发现那位老者凝视着窗外，嘴角里露出丝丝笑意。陈思阳顺着他的眼光看去，外边是一条河，河面上波光粼粼，河上依稀可见点点小帆。"窗外的景色多美啊！"老者说。陈思阳随口说道："是呀！"老者接着说："那田地，那河流，那山脉，真的是美不胜收啊！"陈思阳呵呵地笑了。老者不解地瞅着他问："怎么，难道我说的不对吗？"王刚连忙说："是的，是的。"老者似乎明白了什么："你是笑我迂腐吧。"

过了一会儿，老者拍着陈思阳的肩膀说："小伙子，大家都在那里忙着抢座位，却都忘了留心窗外的风景，真的是太遗憾了！这条路，就非得坐着过去吗？就不能一路欣赏着过去吗？"陈思阳听了，心里多多少少受到触动。老者接着说："我年轻的时候，为了一些眼前的东西，错过了很多好机会；现在，我不再关注这些，只想多看看远处的风景。"陈思阳被老人的话震动了，跟着他一起欣赏起路边的风景……

导师箴言

人生就是一场漫长的旅行。很多东西，并非我们担忧就不会失去，例如：时间和生命。也并非我们期待就一定能够成真，例如：爱情和梦想。关键是，要看我们如何去欣赏。别当错过了一切所该享受的美好生活时，才幡然醒悟，到时可能已经悔之晚矣。

——NLP卓越商业导师 苏学锋

第八章
心灵建设版图：打造属于自己的幸福源

3

化繁为简，生命之舟需要轻载

❀ 问题困惑

生活中总有那些天天喊累的人，也会有那些悠闲自在的人，这不在于他们工作的多少，而是他们选择生活方式的不同，你认为呢？

♟ NLP总裁智慧系统解码

"让你的生命之舟，只承载你所需要的东西，例如，你只要一个朴素的家和一种单纯的喜悦；一个或两个值得交往的朋友；一些你爱的人或是爱你的人；一只狗、一支笛子；刚好足够的食物和衣服；还有稍微多一点的水，因为口渴是件危险的事。"这是一个知名作家曾说过的话，感觉意义颇深。

事实上，这些外在的东西只要能够满足我们的基本生活就可以了，重要的是我们要有一颗广阔的心，让自己的心灵恬淡起来，让自己的心智活跃起来，这样活着，我们的人生才会色彩斑斓。其实,生活,不就是这么简单吗?

但是,在现实生活中,太多的人把生活过复杂了,因而失去了原本的自由和幸福。其实,生活注重的是一种感觉,并不是物质条件越高,感觉就会越好。懂得感知幸福的人不会盯着别人看,而是珍惜自己所拥有的。不懂得感知幸福的人,总是抱怨自己没有别人拥有的多。幸福与不幸只是人的一念之差。可能家财万贯的人也会不快乐,而街头流浪的乞丐却常常感觉到快乐。

 经典故事

有一位渔夫从墨西哥海边划着小船靠岸了,船头上放着几条大黄鳍鲔鱼。这时,一位美国商人来到码头上,看到渔夫,忙过去打招呼,顺势恭维了一番渔夫能抓到这么珍贵的鱼。又问:"捕这些鱼肯定要花费很长时间吧?"不料,渔夫答:"才一小会的工夫。"商人惊讶地望着渔夫,又说:"那你为什么不再多捕点鱼呢?"渔夫不以为然地说:"这些鱼已经够我们一家人吃一天了。"

美国人看了看正当空的太阳,又问:"现在才刚刚中午,那么你在一天剩下的时间里都干什么呢?"

渔夫答:"很简单呀,我每天睡到自然醒,然后出海捕鱼。回去后妻子做饭,我就和孩子们玩。吃完午饭,睡个午觉。傍晚去村子里转悠和邻居喝点小酒,玩一会儿音乐,聊会儿天。日子简单却充实。"

美国人听完笑着说:"你可以把这么多时间拿来挣钱呀。我是美国哈佛大学MBA,我可以给你出点主意,你每天只要多花点时间去捕更多的鱼,卖了就买一个大点的船,自然可以抓更多的鱼,再买大船,这样慢慢地你就可以拥有一个渔船队了。然后把鱼直接卖给加工厂,这样你自己就可以开一家鱼罐头工厂了。你就可以走出小渔村,

第八章

心灵建设版图：打造属于自己的幸福源

搬到墨西哥城里，然后走出墨西哥，走向全世界……"

渔夫问："那需要多长时间？"美国人答："十五到二十年。"渔夫说："然后呢？"

"然后，你就可以在家享清福了。你可以把公司交给其他人来管理，你可以投资股票，等股票上市，就把公司股份卖给投资大众，到时候你就可以挣更多更多的钱，上亿……"

"然后呢？"

"然后，你就可以退休，搬回到海边的小渔村，每天睡到自然醒，出海随便抓鱼玩，尝个鲜，你跟妻子抱着睡午觉，下午去村子里晃悠着喝点小酒，唱唱歌。"

渔夫疑惑地说："我现在不就这样吗？"

导师箴言

穿越亿万年的光景，才发现人生的追求：由简单到繁杂，却又由繁杂到简单。周而复始，返璞归真。真的是活得简单，才能活得自由。也许，有很多人还不懂得简单的内涵，那么到底什么是简单呢？简单绝不意味着我们必须要接受清苦与贫困，它是我们对生活的一种态度，一种选择。要想我们的生命之舟能安稳前行，就不要无端地给它增加负重。

——NLP卓越商业导师 苏学锋

4

把握好现在，就不愧对过去和未来

❋ 问题困惑

岁月有限，我们应该怎样对待过去、现在以及未来？在不同的时空角里，我们要如何做出选择，才能让自己的生活更加精彩？

♟ NLP总裁智慧系统解码

我们的人生，每一个阶段都充满意义与精彩！10岁的时候，天真无邪；20岁的时候，活力四射；30岁的时候，斗志昂扬；40岁的时候，成熟稳重……依次下去，每个年龄段都有着属于我们的特定符号。

而这些都需要我们一一走过。我们没必要站在20岁去羡慕他人的40岁，更没有必要站在40岁去慨叹青春已逝，这样或那样的感慨，都太晚或太早！唯有站在当前，我们才能选择是否要在此刻活出精彩。

NLP智慧系统认为：无论发生了什么，一切都是上天最好的

第八章
心灵建设版图：打造属于自己的幸福源

安排！因此，我们想要真正地活在当下，就要学会接受所发生在自己身边的每一件事，并且去发掘那些能够发生在自己身上的好事情，要相信自己的生命正以最好的方式展开。

经典故事

很久以前，有个男孩被送到了寺院里，从此剃度出家，成了一名小和尚。方丈为了磨炼他，每天都让他准时准点清扫寺院里的落叶。但是，清早起床扫落叶真的是一件苦差事，小和尚有些不高兴，可是又没有什么办法，只能按照方丈说的去做。

就这样，他扫过了整个夏天和整个秋天，到了秋冬交替之际，本就不耐烦的他变得更加头疼不已，原来这个时期总是会起风，刚扫好的落叶就会被吹得到处都是，这更加让他耗费时间。他一直在想办法：如何能让自己变得更轻松些呢？

后来，他终于想到了一个好办法，就是在打扫之前，狠狠地摇晃树干，这样把那些要掉的叶子都给摇下来，那么隔天不就不用再扫地了么！左思右想，他都觉得这个办法妙极了，他决定从明天就开始实施。次日清早，他起了个大早，来到大树旁，使劲地摇，看着树叶不断地往下掉，他开心极了，他终于可以把今天跟明天的落叶一次扫干净了！

一天很快就这样过去了。第二天，小和尚睡到很晚才起来，正准备去见方丈，路过了小院子，眼前的景象不禁让他傻了眼！院子里如往日一样满地落叶。这时候，方丈朝他走了过来，对他说："傻孩子，无论你今天怎么用力，明天的落叶还是会飘下来。"小和尚终于明白了，世上有很多事是无法提前的，唯有认真地活在当下，才是最真实的人生态度。

导师箴言

要知道,无论是谁的过去亦或未来,它们并不是"存在"的东西,而是"存在过"和"可能存在"的东西。对于我们而言,唯一"存在"的只是现在。正因如此,我们应该好好利用当下的时间,缅怀过去和期待未来,都是为了让我们有一个更努力、更精彩的现在。这就是生活的意义。

——NLP卓越商业导师 苏学锋

第八章
心灵建设版图：打造属于自己的幸福源

5

想好了再做，没人为你的情绪买单

❀ 问题困惑

情绪分很多种，人人皆有之。把握好情绪的人，一般人缘都很不错，被情绪把控的人，一般人都敬而远之，知道为什么吗？

♟ NLP总裁智慧系统解码

在NLP十八条前提假设中，曾提到：情绪从来不是来自某人的言行，或环境里出现的转变，而是来自我们对这些的态度，亦即是我们的信念、价值观和规条系统。最简单地理解为：所有的情绪，来自我们内心对所发生的事情的反应及映射。

活在世上的每个人都带有情绪，也就是说，无论是谁，都有可能陷入到各种各样的情绪之中。情绪不是固定不变的，它可以随时转换，或快乐或忧伤，或幸福或痛苦的转换，都具有相对性的情绪反应。对于积极乐观的情绪反应，不管是自己还是他人都乐于接受。而那种消极悲观的情绪反应，不仅影响着自己，也影响着他人。

在这个大千世界里,几家欢喜几家愁。我们只有学会调解,控制好自己的情绪,才能够很好地面对自己,面对社会。我们的内心世界会因为自我的评价、外界的环境而有所变化。若我们都能像鸟儿梳理自己的羽毛一样梳理自己的情绪,就不会出现大的情绪波动,避免对自己、对他人造成伤害。

经典故事

在美国,有一位叫肯特的夫人,她脾气十分火爆,经常和周围的亲人、朋友大吵大闹。正因为这样,有很多的人都开始讨厌她、疏远她,久而久之,在她身边没有一个知心人,这让她感觉十分苦恼。每当这样的事情发生之后,肯特夫人就觉得非常后悔,但之后遇到这样的事情还是控制不了自己的愤怒情绪。

后来肯特夫人为了改变自己,去向一位大师请教,这位大师跟她说:"如果你再要发脾气的时候,先停下来思考下面这三个问题:第一,是什么事让我大发脾气呢?第二,我如果发脾气对我有什么影响呢?第三,还有其他的补救方法吗?当你想完这三个问题的时候,你的情绪就会稳定一些,如果你再稍稍控制一下,你就能掌控自己的情绪了。"

当时,肯特夫人还将信将疑,但回来之后,她在路上和一个开车的司机出现了摩擦,正要准备大发脾气,用激烈的语言去训斥这位司机的时候,她蓦然间想起了大师对她说过的话。于是她先冷静下来,真的问了自己这三个问题,在那之后,她的心逐渐平静下来,刚才愤怒的情绪已经消去了大半。

从那之后,每当她要发脾气的时候,都要这么做。慢慢地,她已

第八章
心灵建设版图:打造属于自己的幸福源

经不像以前那样爱发脾气了。因为她做出了改变,她身边的朋友也渐渐多了起来,而且快乐的事也开始接踵而来,她觉得自己比以前快乐多了。

导师箴言

所谓的"情绪",来自于我们对外界事物的反应,具体而言,它不过是一种心理活动而已。既然是人本身的心理活动,那么我们就有能力去掌控它,我们完全可以做情绪的主人。只有这样,我们才能不受情绪所累,获得真正的自由之身,从而真正去体味生活中的幸福和快乐。

——NLP卓越商业导师 苏学锋

6

翻转时空角,别为打翻的牛奶而哭泣

❀ 问题困惑

人生在世,遗憾的事情每天都在发生,你是选择躲在遗憾中后悔,还是觉得未来很长,眼光应该往前看?

♟ NLP总裁智慧系统解码

在生活中,我们有太多的人总是会因为"一瓶打翻的牛奶"而纠缠不休,但是却忽略了一个很重要的事实:世上再美妙的事情,都必然要经历兴衰和成败,这个过程无法避免,我们只能顺其自然。要知道,生活中的烦恼是客观存在的一种现象,所谓:"存在即合理",我们也学着接受,要学会笑迎它的到来,然后从中吸取教训,不断总结,让自己在这样的过程中得到提高和升华。

往事不可追,不论昨天的牛奶多么甜蜜,但既然打翻了,就无可挽回,我们只能勇敢地接受,让它成为过去。泰戈尔说:"如果你因为失去了太阳而哭泣,你也将失去星星。"我们不能

第八章
心灵建设版图：打造属于自己的幸福源

做这样的愚人。过去不可把握，珍惜当下才是聪明人。

因此，我们不要沉湎于失落的过去，也不要幻想未曾达到的未来，在时空角中，我们只和现在接轨。因而要集中心神于此刻，珍惜现在，活在当下，全力以赴做好今天的每一件事，相信不经意间，我们就会在拐弯处遇见属于自己的幸福。

经典故事

十年前，舒程和老公刚结婚，之后两人纷纷辞职创业，从一家名不见经传的小公司一点点发展壮大，公司也从西安搬到了北京。现在的他们，正处于事业鼎盛时期，在东三环拥有一套高级别墅，他们的两个孩子都被送去了贵族学校就读，他们每天都开着宝马和奔驰。那段时间，他们也算是要风得风，要雨得雨，每天都有很多朋友捧着。

但是世事难料，舒程的老公一不小心牵扯进一桩跨国诈骗案，被人起诉后，锒铛入狱，公司破产。以往那些交往甚密的生意伙伴都开始一个个避之惟恐不及，无奈之下，舒程只好卖掉了豪宅、名车，处理完债务，带着两个孩子回到了家乡。

一天，她跑到了曾经最好的闺蜜面前倾诉，最后，她对闺蜜说："你看看现在的我，难道还不够悲惨吗？"结果，她的闺蜜也只是笑了，"你的经历怎么能算得上悲惨呢？我从未住过豪宅，家中连一个佣人也雇不起，五星级宾馆的门都不曾进过，更别说入住了，你还经历过这些，应该感到知足才是啊！当然了，只是无论多么辉煌灿烂还是灰暗委顿的过去，过去的毕竟过去了，人不能活在过去，而要着眼现在。"说着，收敛了笑意，正色道。

"现在？你在劝说我要活在当下是吗？"舒程有些疑惑不解。"是的。不要让过去的荣耀和失败像绳索一样捆绑住你的手脚，像

强盗一样抢走你现在的幸福和快乐。不然,你不仅输掉了现在,而且连将来也会输掉的。"

听完闺蜜的话,舒程开始变得若有所思,没多久,她就笑了,就像内心抖落了沉甸甸的包袱一样,陡然轻松了许多。

导师箴言

时空角分为:时间、空间、角度。当我们陷在其中无法出来的时候,就要学会调整自己的思路,转换时间点、找寻其他空间以及切换任意的角度。当我们翻转时空角之后,就不会片面地看待问题,自然也就不会陷在"打翻的牛奶"中不可自拔。

——NLP卓越商业导师 苏学锋

第八章
心灵建设版图：打造属于自己的幸福源

7

压力来源于我们对事情的反应

❋ 问题困惑

为什么同样的一件事情，发生在不同的人的身上，有的人轻描淡写，一笑而过？有的人则暴跳如雷、恼羞成怒？

♟ NLP总裁智慧系统解码

"心"就是身的主宰，你愈早愈干净地放下不必要的心理负担，就会愈早愈轻松地集中精力，干好你想干或正在干的事情。所谓用"心"解决，就是要弄清压力产生的根源。

在NLP总裁智慧系统中，曾提到：事情从来都不会给我们压力，压力是来自我们对事情的反应。人们普遍认为压力是问题引起的，其实引起压力的真正原因是：一个人对问题的态度。事情的本身并无绝对的压力可言。同样一件事情，张三认为有压力，而李四却认为是挑战、乐趣。可见，问题本身都不是问题，如果不用"心"解决，它才是最大的问题。

因此，我们需要转变自己的态度，把压力呼出去，把动力吸进来。如果面对无法摆脱的压力时，我们就应该反复地对自己说："没关系，不过是一次经历而已。""这是督促我要更加勤奋，更加积极的动力。"只要换个角度去思考，我们的反应就不会那么强烈，那么压力自然也就消散了。

经典故事

曾经，有一个年轻人因为生活太累，每天都无精打采。一日，他终于经受不住这种痛苦，辞去工作，开始四处旅游，希望能在路上找到帮助他的人。坐着火车，一路美景倒也心情愉悦了不少，可是他心中的负重却丝毫没有减去。从南到北，他一路玩到了西藏，在这里，他碰到一位老者，他问道："我每天都感觉自己活得太累太累，出来玩也不能解除这种负重，该怎么办呢？"老者指了指地上的背篓，让他背在自己的肩上，然后指着一条沙砾路说："你每往前走一步，就捡一块石头扔进背篓，看看是什么感觉。"

年轻人开始照着老者的话，每走一步便弯腰捡块石头，走到尽头之后，老者笑着问他："有什么感觉？"年轻人说感觉肩上的背篓越来越重。这时，老者说："其实，来到这个世上的每一个人，肩上都背着一个空篓子，在人生的道路上，每走一步，都要从这个世界上捡一个东西，然后放到身后的背篓中去。就是因为这样，我们才会觉得生活越来越辛苦、越来越劳累。"

听完老者的话，年轻人开始变得若有所思。过了一会儿，他又问老者："那您知道有什么方法可以减轻生活的负担吗？"

老者说："可以啊！只要你愿意的话，现在你想一想，工作、家庭、爱情、友谊和生活中的哪一样，你想要扔掉？"年轻人开始默不

第八章
心灵建设版图：打造属于自己的幸福源

作声，因为想来想去，他发现哪一样东西都不愿意扔掉。

这时，老者微笑着说："如果你觉得生活沉重，那说明你已经拥有了全面的生活，你应该感到庆幸。假如你失去其中的任何一种，你的生活都会变得不完整，这样你愿意吗？你应该为自己不是总统而庆幸，因为他肩上的背篓比你的又大又重，但是，他可以把其中的任何一样拿出来吗？"年轻人认真地点了点头，并且露出了开心的笑容，好像突然明白了很多道理，心里感到非常轻松。

导师箴言

生活中的压力是无法消除的，你越感到压力的沉重，说明你的生活越丰富，你所拥有的生命越厚重，你的人生就越有意义。但过多的压力，势必对我们的成长和发展起到反效果。因此，我们要学会"过滤"自己的压力。任何事情没有带给我们压力的能力，所谓的压力仅是我们自己内心深处的反应而已。调控自己的反应，就能减少我们的压力。

——NLP卓越商业导师　苏学锋

8
提高生活质量，别为无意义的小事而烦恼

问题困惑

接触的人多了，你也许就会明白：那些太过敏感的人，是享受不了好生活的。知道这是为什么吗？

NLP总裁智慧系统解码

不得不承认，世事本就是很无常的，有太多的东西根本就不受人为的控制。很多时候，是我们自己把周围的事情看得太严重了，让一些苍蝇一般的小事占据自己的心头，所以每天才会活得不开心。

NLP十八条前提假设中，曾提到：每个人都可以凭着改变思想去改变自己的情绪和行为，进而改变自己的人生。很多时候，一件事情在我们心中的映射，决定了我们的快乐与否。其实，无论发生了什么事情，只要我们想开了，就觉得世界是美好的，想不开，那么世界就会变得很糟糕。因为影响我们生活质量的，很

第八章
心灵建设版图：打造属于自己的幸福源

多时候并不是物质，而是我们自己的心情。

忽视那些无意义的小事，不要受到别人语言、行为、思想以及情绪的干扰，减少生活中的负重，通过潜意识的三大守门员，来选择接受对自己有益的事物，而删减、屏蔽掉那些对自己不利的事物，才能让自己的生活有更多的乐趣，而非烦恼。你说不是吗？

经典故事

乔是一位著名的拳王，在拳击台上，以打法凶狠、作风顽强著称，令对手望而生畏。

有一次，乔和一位朋友驾车外出。路上，他们看见前面有一辆小货车，背后写着一行有趣的字：禁止男士吻我！我不是同性恋。乔说："这一定是一个很有幽默感的家伙。"正在和朋友议论，前面的小货车突然来了个急刹车。乔大吃一惊，赶紧猛踩刹车，车子怪叫着滑了过去，差点儿贴住了小货车的后背。

小货车司机感觉到了后面的情况，赶紧下车查看。还好，两车还有一厘米间距，各自安然无恙。既然如此，就不必麻烦警察过来处理了。但是警察不管的事情，小货车司机自己想管一管。他走过来，敲敲乔的车窗。乔赶紧从车里探出头来，露出讨好的笑容，连说"对不起"。司机毫不客气地说："朋友，我认为你是一个白痴。难道你没看见我车上的字吗？禁止男士吻我！"

乔友好地说："我看见了，朋友！我跟你有相同的爱好，我也不是同性恋。"

司机很不客气地说："我跟你不同，绝对不喜欢将车开到跟另一辆车相距一厘米的地方。所以我说你是一个白痴。我看过你的比赛，你又蠢又笨的样子让我厌烦透顶。"接着，司机骂骂咧咧地说了很多难听的话，足足骂了五分钟。乔的朋友见司机骂个不休，十分恼火，他想下车理论理论，却被乔拦住了。乔面带微笑，饶有兴趣地听司机展示他骂人的口才。司机骂够了，这才心满意足地离开了。

乔的朋友愤愤不平，对乔说："那个家伙真是无理取闹。我们并没有碰坏他的车，他其实不必那么激动。"

乔说："他只是有话要说罢了，也许并不是针对这件事。我是拳王，我想很多人会以在我屁股上踢一脚为荣。今天他在我屁股上踢了一脚，应该感到满足了。而我也没有什么不满，难道你不觉得这家伙的口才很好，听他骂人也是一种享受吗？"

朋友说："我没有享受的感觉，只是觉得气愤。你应该用你的拳头教训教训他。"

乔幽默地说："不，这不是一个好主意。你想，假如有人侮辱了歌王卡罗素，你以为卡罗素会为他唱一首歌吗？"

导师箴言

想要让自己活的开心，我们就要记住：对于那些没有意义的事情，我们根本就没有必要在意。花费时间解释、证明、争吵、辩论……反而让自己变得更不愉快。所以，这个时候学会"得过且过"是对自己最有益的。如果忽视它，能让你更好地生活，何乐而不为呢？

——NLP卓越商业导师 苏学锋

第八章
心灵建设版图：打造属于自己的幸福源

9

快乐是自己的一种感觉，并非别人控制

❋ 问题困惑

有些人常常说自己的生活不快乐，有的人却无时不刻活成了乐天派。不快乐的人难道遇到的都是坏事，快乐的人难道遇到的都是好事吗？

♟ NLP总裁智慧系统解码

在NLP十八条前提假设中，曾提到：**每个人都已经具备使自己成功快乐的资源！每天里遇到的事情，都有能给我们成功快乐的因素，取舍全由个人决定**。因此我们可以说：其实造成不快乐的原因往往不在于别人而在于你自己，因为快乐是自己的一种感觉，并不由别人来控制和决定。

如果在生活中，我们总是在关注那些开心的事情，淡化悲伤的事情，那么就会过得很开心，就会发现每一天都过得很有意义；如果在生活中，我们总是关注不开心的事情，而忽视了开心的事情，那么心就会布满阴云，久久挥之不去，哪里还谈得上快乐呢？

这世上的大多数人，其实本身就十分富有，端正的五官，健康的身体，都是上天对我们最好的馈赠。此外，我们还拥有阳光、空气和水，拥有大自然，拥有书本的知识和智慧，思想和观念，爱情、家庭和事业，难道这些还不够吗？拥有这些，就足够我们好好享受惬意的生活了，我们完全有理由变得更快乐。

 **经典故事**

很久以前，有一个国王，他不仅拥有巨大的财富、广阔的领土，还有众多子民的拥护与爱戴。可是他每天却愁容满面，他老是说："我不快乐，现在的我，甚至连怎么笑都不知道了。"为了让自己变得快乐起来，他下了一道命令："从现在开始，谁能给我找到快乐，我就封赏谁一块领土。"于是大臣们走向四面八方，寻找快乐。

大臣们每天都围着国王打转，他们彼此询问了一番，发现谁都过得不快乐。于是，他们来到民间，去访问那些每天劳作的工人。可工人们天天都辛辛苦苦，早出晚归，挣的工钱却不够一家吃穿，同样也过得不快乐。于是，大臣们又询问农民，整天在田野中劳作的他们不仅劳累，还要担心变化无常的天气，地里的收成也不能全归自己。

大臣们一路问了好多人，他们都不快乐。一个月后，他们放弃了寻找快乐。在回去的路上，他们见到一个穿着破旧衣服的牧羊人，一边笑着一边驱赶着羊群。他们问他："你快乐吗？"他笑着说："当然，我每天都很快乐。"于是，他们将牧羊人带到了国王的面前。

国王看到了牧羊人，他问道："你快乐吗？"牧羊人点了点

第八章
心灵建设版图：打造属于自己的幸福源

头。国王激动地问他："快告诉我，你为什么会这么快乐？你拥有这世上最珍贵的财宝吗？你不必像我们这样日夜操劳就能享受生活吗？你能不能告诉我，为什么你过得如此开心？而我，身为国王，却整天烦恼不断？"

牧羊人笑着说："陛下，您说的我都没有，我也不知道您为什么烦恼。陛下，但我能够告诉您我为什么这样快乐。我身体健康，家人平安；我爱我的妻子儿女，爱我的亲朋好友，他们也同样爱我；我在美丽的草原上放牧，自食其力。这些就是我快乐的根源。"

国王喊道："天啊！快乐竟然如此简单！如果人们都像你一样快乐，这个世界该是多么美好啊！"牧羊人回答说："哦，陛下，这不是个难题，因为人总是想有多少快乐就有多少快乐，想要多快乐就能多快乐的。"听完，国王笑了起来："你说的对，拥有的多不一定就是好的，拥有的越多，就越觉得不够，烦恼也就越多，而知足就能够快乐。"后来，国王让大臣们将这个道理写在书上，流传下去："活在世上本来就是一件值得高兴的事情，人们所有的痛苦和不快都是由其内心产生的。"

导师箴言

其实，我们只要用心去感悟，就会发现，快乐和环境没有必然的联系，或者说，快乐只是我们的一种感觉而已，它并非由别人来控制。林肯曾说过："据我观察，人们都是自己想要怎么快乐，就能怎么快乐。因此，可以说：快乐是个人的一种选择。"

——NLP卓越商业导师 苏学锋

10
积极的人像太阳，照到哪里哪里亮

❀ 问题困惑

生活中最后能解决问题的人，人生中常常碰到好运气的人，是因为真的能力强、运气好吗？还是因为别的原因？

♟ NLP总裁智慧系统解码

世界是不会由我们的意识所决定的，没有任何人可以决定整个世界，但我们唯一可以做的是：改变自己对世界的看法！如果我们能够做到这一点，就能够在任何情况下，调整好自己的心态。要是现在的我们，经常感到自卑，感到失落，无论做什么事情都没有动力，那么真的该好好想想如何去调整自己的心态了。

人的心态有两种：积极心态和消极心态。两种心态，指引着两个方向，它们带给我们的是不同的感受。积极心态所具备惊人的力量：它能创造财富、健康、快乐和成功；它能获得朋友，消除烦恼；它能使你的人生充满辉煌。消极心态同样也具备惊人的力量：

第八章
心灵建设版图：打造属于自己的幸福源

它排斥财富、健康和快乐，使你远离成功；它使你的朋友离你而去，使你愁上加愁、苦中添苦；它只会使你的人生黯然失色。

因此，NLP总裁智慧系统认为：心态对我们而言很重要，是影响我们为人处世的关键因素。一个积极的心态，是我们做大事的资本。同样的一件事情，发生在不同的人的身上，就会有着不同的解读。但无论怎样的解读方式，快乐、成功永远会向着积极思考的那一方。

经典故事

有位秀才已经连续四次进京赶考了，可是每一次都没能高中。这一年，他又照常进京赶考，住在以前住的店里。考试前两天，他门都没出，拼命地看书复习。晚上，他终于困得睡着了，还一连做了三个梦：第一个梦，他梦到自己竟然异想天开地在墙上种起了白菜；第二个梦，他梦见了下雨天，他不仅戴了斗笠，手里还撑着伞；第三个梦，他梦到自己终于和心爱的表妹脱光了衣服躺在一起，但是两个人却是背靠着背。

他醒来之后，觉得这三个梦似乎有些深意，于是赶紧起了床，来到大街上找到了算命先生，他把自己做的梦一一说了出来。没想到，算命先生一听，连拍大腿说："你这三个梦都很不吉利啊！我看啊，你还是回家吧。你想想，高墙上种菜不是白费劲吗？戴斗笠打雨伞不是多此一举吗？跟表妹脱光了躺在一张床上了，却背靠背，不是没戏吗？"

这位秀才一听，觉得算命先生说的话很有道理，顿感心灰意冷，心想自己都考了那么多次都没中，也许这就是天意。于是他回店收拾包袱准备回家。店老板觉得非常奇怪，于是问："你这不是明天

才考试吗，怎么今天就回乡了？"

秀才叹了口气，把自己的梦又说了一番。店老板听后就乐了："哟，我也会解梦的。我倒觉得，你这次一定要留下来。你想想，墙上种菜不是'高中'吗？戴斗笠打雨伞不是说明你这次有备无患吗？跟你表妹脱光了背靠背躺在床上，不是说明你翻身的时候就要到了吗？"秀才一听，觉得店老板说的话似乎更有道理，于是精神一振，信心满满地参加考试，没想到真的中了个探花。

导师箴言

人活得怎么样，不在于物质的多与少，地位的高与低，而在于心灵的感知。有句话说得好：积极的人，像太阳，照到哪里哪里亮；消极的人，像月亮，初一十五不一样。我们的想法决定我们的生活是否快乐、幸福，有什么样的想法，就有什么样的现在，创造什么样的未来。

——NLP卓越商业导师　苏学锋

导师语录

★ 生命中所发生的事情都是我们成长的肥料。

★ 每天遇到的事情，都有带给我们成功快乐的因素，取舍全由个人决定。

★ 有能力给自己制造困惑的人也能消除困惑。

★ 你对一件事情的看法，是由你感官的敏锐性来决定的。

★ 尝试另一种行为，可以带给你另一种全新的结果。

★ 唯有精神可以影响更多的人，改变一个人的人生轨迹和命运。

★ 我是自己的主人，我可以主宰一切！我要利用情绪，而不是被情绪所控。

★ 越抱怨结果越糟糕，凡事发生都是自己的问题。

★ 生命中所发生的一切，都是上天对我们最好的安排。

★ 你永远不知道下一秒会发生什么，你永远也不知道下一秒的自己会变成什么样，有可能闪闪发光、光芒万丈，你无法拒绝这种可能。